细节决定成败

DETAILS MAKE A DIFFERENCE

王媛/编著

中华工商联合出版社

图书在版编目（CIP）数据

细节决定成败 / 王媛编著. -- 北京：中华工商联合出版社，2021.12
ISBN 978-7-5158-3204-3

Ⅰ. ①细… Ⅱ. ①王… Ⅲ. ①成功心理－通俗读物 Ⅳ. ①B848.4-49

中国版本图书馆 CIP 数据核字（2021）第 213687 号

细节决定成败

作　　者：王　媛
出 品 人：李　梁
责任编辑：于建廷　效慧辉
封面设计：周　源
责任审读：傅德华
责任印制：迈致红
出版发行：中华工商联合出版社有限责任公司
印　　刷：北京市毅峰迅捷印刷有限公司
版　　次：2022 年 1 月第 1 版
印　　次：2024 年 11 月第 5 次印刷
开　　本：710mm × 1000 mm　1/16
字　　数：220 千字
印　　张：13
书　　号：ISBN 978-7-5158-3204-3
定　　价：39.00 元

服务热线：010–58301130–0（前台）
销售热线：010–58302977（网店部）
010–58302166（门店部）
010–58302837（馆配部、新媒体部）
010–58302813（团购部）
地址邮编：北京市西城区西环广场 A 座
19–20 层，100044
http://www.chgslcbs.cn
投稿热线：010–58302907（总编室）
投稿邮箱：1621239583@qq.com

| 序 |

细节的力量

几年前，我到美国游学，被随处可见的细节所打动。

一天傍晚，到一个加油站的便利店去买眼镜。走进去，发现这家面积只有四十平方米左右的门店，功能非常齐全。不仅有洗手间，还有 ATM 机，产品更是繁多：吃的，喝的，用的，甚至各类报纸、杂志、散装的饮料、咖啡等，你想要的生活用品，几乎都有。

而走出去时，发现便利店外面还装有残疾人按铃，大门左侧，有专门的轮椅标志及专门的残疾人通道，通道是有坡度的，与地平面缓缓结合，与此相对应的两个停车位都标识有“NO PARKING”（禁停），而走向路口时，发现人行道也有与加油站广场接轨的凹槽。

在圣地亚哥巴布亚公园，有一处儿童游乐场，铺设的都是弹性地垫，预防儿童滑倒摔伤。在一处有着银行 ATM 机的公园路口，设有方便流水的小凹沟，一个梯形的防滑线非常醒目，提示你经过时，注意别滑倒。

哪怕是在公共卫生间，也有细节的考虑。除了隔开的小便池，每个格子间底部，都是打开的，方便进来的人可以看到里面有没有人。每个格子间里，都放有一次性纸垫和手纸，洗手池位置除了净手设施，还挂有欧式绘画，更让人惊讶的是，这里还放着两台售卖机，出售护肤品等，让人怀疑这是不是厕所？

在美国硅谷访问惠普公司时，看到这家公司伫立在碧绿的丛林间，高大透明的玻璃幕墙，不仅让室内显得格外明亮，而且也与室外融为一体。在这种生机盎然的环境下工作，一定是一件开心的事情。

而走进大厅，接待台一尘不染，工作人员面带微笑，桌子上是两盆正在绽放的白色花朵，而透过玻璃，你能看到铺着的鹅卵石，还有栽植的各种各样的花草，而不远处，是白色的遮阳伞，下边放着茶几和椅子，这应该是供员工休息、交流、喝茶用的吧？在靠墙的位置，还放有咖啡机，台面上摆放有冲咖啡所用的糖、奶以及杯子、搅拌棒等。

中间，我抽空去了一趟洗手间。洗手间的地面和台面干净如新，台上放着盛满了水的直饮水壶、杯子等，而且在洗手台上方，还有电源插头。另外，擦手纸机也是智能的，只要把手伸过去，不用手拽，纸张就会自动出来。洗手间外面，还有手按式饮水机，喝水非常方便，好似在酒店。有人说，美国最干净的地方，就是洗手间，惠普公司亦是如此。

“魔鬼在细节里”，越是细节的东西，越能显示一个国家，一个企业，或者一个员工的匠心独运。这种细节精神，决定了一个国家、一家企业，甚至一个人能走多远，能走多久，能不能持续走下去。

在国际市场上，我最欣赏两个国家的企业，一个是德国，这个国家之所以能够在“二战”后快速崛起，也许跟这个国家的企业务实地琢磨细节有很大的关系，它们精于打理细节，并且一丝不苟，所以，就有了大众、奔驰、西门子等国际著名企业。

另一个是日本。虽然与德国一样，同为战败国，但借助日本企业一直坚守的创新、责任与细节精神，成就了丰田、本田、索尼、松下、东芝等诸多著名企业。曾连续两年荣获“米其林”三颗星评价的“寿司之神”，同样出现在日本，尽管这家餐厅只有十个座位，厕所甚至在外面，而且还需提前一个月订位，一餐15分钟，人均消费数百美元（最低消费三万日元），不过，吃过的人还是会感叹，这是“值得一生等待的寿司”。为什么呢？小野二郎今年已94岁，七十多年的时间，他都在做寿司，严谨、自律、精准、追求极致是他对待工作的态度，他永远以最高标准要求自己跟学徒，确保客人享受到终极美味，甚至为了保护创造寿司的双手，不工作时永远戴着手套，连睡觉也不放松对双手的保护。

全球经济一体化，国内竞争国际化。这种形势，促使中国的企业必须放眼世界，发扬工匠精神，不断精益求精，瞄准目标，做到最好。只有把细节做到极致，才能从量变到质变，最终才能达到客户满意，利润最大。

王媛老师，是一位很用心，很勤奋，很敬业，很接地气的一位企业资深顾问，也是一位有着丰富实战经验的营销专家。也许正是因为她多年关注企业发展细节，能从细微处入手，所以，才能更好地服务客户，受到广大客户的欢迎与信赖。同样，这本凝聚了她从业思想与实践的书，“细节做到极致就是创新”，“世界级的竞争，是细节竞争”，她的诸多观点，充满智慧，让人深思。

中国不缺少伟大的战略家，缺少的是“把细节做到极致”的执行精神。有了宏伟的企业愿景与目标，再有认认真真，踏踏实实的落地细节，中国的企业才能把聪明才智实现“好钢用到刀刃上”，才能涌现更多的像华为一样伟大的全球化公司。

衷心祝愿这本书能早日问世，以飨读者。

中国著名营销专家、培训专家　崔自三

阅读推荐

郑州大铭装饰设计工程有限公司董事长　王仁会

企业“细节管理”的重要性，其实在《道德经》中就有深刻的诠释，老子曰：“天下难事必作于易，天下大事必作于细。”所以企业的成功绝不是偶然，它必定来自每一位员工的努力，每一件小事的圆满。

河南酒鬼酒基地总经理　于国奇

如今的市场竞争就是企业营销战略战术“快、准、狠、稳”地对决，这里的每一个细节都是环环相扣的，其中任何一个环节马虎脱节，都可能是“千里之堤，溃于蚁穴”。所以文化的细节建立，品牌的细节推广，渠道的细节打造才是企业制胜的法宝。

亚洲心灵行销专家　黄　涛

本书实用性强、语言缜密、细致入微，对企业管理工作具有很强的操作性和指导作用！王媛老师课程实战实操，做事认真、乐于助人，乃女中豪杰！

河南天地人面粉实业有限公司董事长　楚敏和

我始终认为面粉行业经营的是“民生”、是“粮（良）心”，全国十三亿老百姓的健康都在我们这个行业手上攥着，所以我们不可有一点闪失，我们必须保证出厂的每一袋面粉绿色、健康、优质；我们必须做到将每一粒麦子细节打造极致。

禾正茂农业董事长　杜占红

细节因其“小”，往往容易被人忽视。但在企业运营管理上，也正是细节小事，成为公司发展的“肿瘤”或“瓶颈”。因此我们在企业管理上必须克服华而不实的作风，必须改变粗犷式管理，做到公司制度化、制度流程化、流程规范化。只有这样，企业才能真正做到良性发展，从而将品牌做大做强。

Details

Make a Difference

目录

上 篇 细节决定成败

第一章

第二章

上 篇

细节决定成败

Details

Make a Difference

第一章

‖

天下大事，必作于细

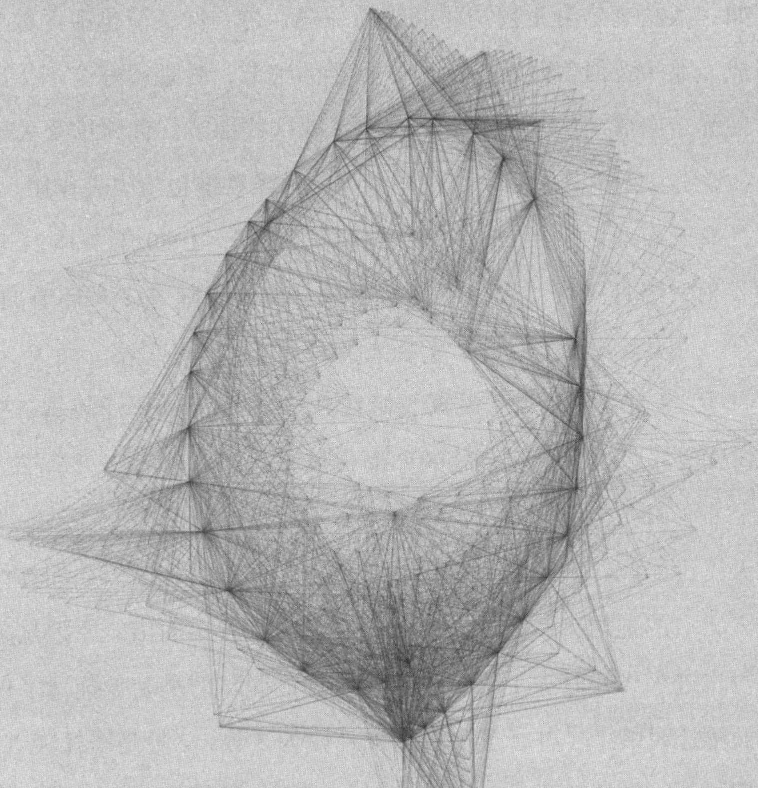

细节决定成败

正如一条铁链是由无数铁环组成的一样，每一件事情也由无数个小的细节组成。那些看似普普通通却十分重要的细节，处理得好会产生巨大的作用，使你走向成功的目的地；而一旦忽视这些细节，你将饱受失败的痛苦。正如铁链，无论其中哪一个铁环断掉，整条铁链也就失去作用。

人类航天事业的发展史上有很多这样的例子。1969 年 7 月 21 日，通过火箭发射、绕月飞行、登月舱与指令舱分离、着陆等多个环节的密切、严谨配合，人类首次踏上月球，实现人类对月球的实地考察。而 17 年后的 1986 年 1 月 28 日，挑战者号航天飞机在升空 73 秒后却爆炸解体，机上的 7 名宇航员全部遇难，引起事故的原因仅仅是飞船右侧固态火箭推进器上面的一个 O 形环失效。

航天飞机如此，宇航员也有很多细节决定成败的例子。加加林作为第一个进入太空的地球人，能从众多候选宇航员中脱颖而出，原因是多方面的，但每次进入飞船时为了不带进一丝尘埃而脱鞋的举动无疑帮了他不小的忙。而筛选时的 1 号种子选手（加加林原为 3 号，2 号是季托夫），宇航员邦达连科却因训练结束后随手将擦拭传感器的酒精棉球扔到了一块电极板上，引起船舱起火，自己被严重烧伤后不治身亡。

加加林的脱鞋举动虽然只是工作中的一个小细节，但这个细节却能折射出一个人的严谨与敬业精神，以及对所从事工作的无比热爱，这也是飞船主设计师科罗廖夫对他产生好感并最终力荐的原因。加加林因为注重细节，成为世界上第一个进入太空的宇航员；邦达连科因为没有注重细节，成为人类航天史上第一名有记载的牺牲者。正所谓：成也细节，败也细节。

可能有人会说，航天业是一个特殊的行业，宇航员也是一种特殊的职业，自己作为一名普通人，无须如此严谨，也无须注意这样那样的细节。这样想的话，那你真的错了！须知我们现在所熟知的名人、伟人，原本也只是普通人、平凡人，只因他们关注了我们未关注到的细节，做了我们未曾注意到的一件件小事，并经过持之以恒的努力，加上准确把握机遇才变得不平凡、不普通。这不是夸大其词。引发牛顿思考万有引力的是砸在他头上的一颗苹果；瓦特发明蒸汽机是从火炉上一次次被顶起的壶盖中获得灵感；张瑞敏入主海尔后制定的第一条制度是“不许随地大小便”；阿基伯特作为美国标准石油公司的第二任董事长，最初被上司注意是因为他“每桶4美元”的签名；美国福特公司名扬天下，可谁又能想到该奇迹的创造者福特当初进入公司的“敲门砖”竟是“捡废纸”这个简单的动作！

这说明不管是科学研究还是人生职场，成功都有一个从量变到质变的过程。也许你只是一名普通士兵，每天做的工作就是队列训练、战术操练、巡逻排查、擦拭枪械；也许你只是一名饭店服务员，每天的工作就是对顾客微笑、回答顾客的提问、整理打扫房间；也许你只是一名办公室小职员，每天从事着最简单、最低级的工作，或是复印扫描文件一上午，或是打电话一整天，琐碎而又繁杂。有很多不懂，有很多无奈，工作缺少色彩，未来看不到尽头。但谁的职场不是这样开始？谁的青春不曾迷茫？同样是小事、细节，有的人却能做出不一样的成绩。

野田圣子出身望族，父亲野田卯一历任经济企划厅长官、行政管理厅长官、建设大臣等要职。1985年，野田圣子进入东京帝国饭店工作，但没想到上司竟安排她去打扫厕所。心理作用使她几欲作呕，本想立即辞去这份工作，但倔强的个性使她又不甘心自己刚刚走上社会就败下阵来。就在她思想十分矛盾的时候，酒店里一位老员工出现在她面前，不声不响地为她做示范，一遍又一遍地擦洗马桶，随后又从马桶中盛出一杯水一饮而尽。野田圣子深受震动，暗下决心，即使一辈子洗厕所，也要洗出成绩来。此后，野田圣子发奋图强，精益求精，成功地开启了精彩人生的第一步。1987 年，野田圣子当选为岐阜县议会议员，是当时最年轻的县议员。1998 年 7 月担任小渊惠三内阁的邮政大臣，是日本最年轻阁员。此后，她历任内阁府特命担当大臣、自民党总务会长、总务大臣、众议院预算委员长等职务，成为日本著名的女性政治家。

讲这个故事绝不是提倡大家都去喝马桶水，而是野田圣子所体现的愿意做小事，把细节做到极致的敬业精神。我们不乏志向宏大、想做大事的人，但愿意做小事，并把小事做细的人少之又少。面对小事、烦琐的工作，我们总觉得“屈才”，觉得“英雄无用武之地”，于是就“做一天和尚撞一天钟”，再到后来连撞钟的气力也没有了，还引出了许多不愉快。殊不知，“合抱之木，生于毫末；九层之台，起于累土；千里之行，始于足下”。伟业固然令人神往，但构成伟业的却是许许多多毫不起眼的细节。只有改变心浮气躁、不求甚解的毛病，脚踏实地，从小事做起，做好每一个细节，才有可能成就伟业。

细节同时也能改变一个人的性格。注意细节的人往往做事谨慎，言行举止都很小心，经常注意自己的各种行为，这就使他能在社会中立足，在人群中树立威信，能交到更多的益友，从而形成良好的人际关系。反之，一个不注意身边细节的人做每一件事都会出现遗漏与错误，导致问题频发，事业失败。

“一只蝴蝶在南美洲亚马孙流域的热带雨林扇动翅膀，两周之后美国的德克萨斯州将面临一场龙卷风袭击。”这就是气象学上有名的“蝴蝶效应”。把它推广到人生处世哲学中，可以得出一句话——细节决定成败。

千里之堤，毁于蚁穴

《韩非子·喻老》里有这么一句话："千丈之堤，以蝼蚁之穴溃；百尺之室，以突隙之炽焚。"也就是我们常说的"千里之堤，毁于蚁穴"。很难想象，千里堤防，狂风巨浪未能撼其毫厘，可谓牢不可破，然而蝼蚁入侵，日削月割，大堤最终倒塌。同样，一棵千年老树，雷击山崩不能毁其生命，可谓顽强不屈，但若是有甲虫咬破树皮，进入枝干，用不了多久就会被吃空死掉。可见，细节性问题往往具有致命性。有时候，1% 的错误导致的是 100% 的失败。

英国有这样一个民谣："失了一颗铁钉，丢了一只马蹄铁；丢了一只马蹄铁，折了一匹战马；折了一匹战马，损了一位国王；损了一位国王，输了一场战争；输了一场战争，亡了一个帝国。"这是根据真实的历史故事改编的民谣，故事的主角是英国国王理查三世，战役是 1485 年的波斯沃斯战役。在这场战役中，理查三世失掉了整个英国。

中国古代也有这样的例子。商纣王的叔父箕子看见纣王用象牙筷子非常害怕，人们问为什么，箕子说：这样好的筷子，纣王肯定不会把它放在土制的碗罐上，会配上一些玉制的碗碟，才显得好看。有了玉筷、玉碗、玉碟、玉杯，吃什么呢？必然不是豆角豆叶等糟糠之物，而是牦牛、大象、金钱豹等美味。而有了这些后，他肯定不再愿意穿粗布短衣、住茅屋草棚，而是让人织衣盖房，奢靡享受。如果这样长久下去，人们就会对他不满，进而斥责、反抗，他则会对不满者进行镇压，必然变得残暴，国家也将随之走向灭亡。正如箕子所料：纣王越来越荒淫，最终被武王逼上鹿台，失

千里之堤，毁于蚁穴

去江山。

一个小小的马蹄钉葬送了一个王朝，一双象牙筷子断送了如画江山，这样的例子还很多。

一个连简历都保管不好的人

《武汉晨报》曾有这样一份报道，江汉大学应届毕业生陈某因为一份简历而使他在应聘时栽了跟头。

事情的经过是这样的：参加招聘会的那天早上，小陈不慎碰翻了水杯，将放在桌上的简历浸湿了。为尽快赶到会场，小陈只将简历简单地晾了一下，便和其他东西一起，匆匆塞进背包。

在招聘现场，小陈看中了一家深圳房地产公司的广告策划主管岗位。按照这家企业的要求，招聘人员将先与应聘者简单交谈，再收简历，被收简历的人将得到面试的机会。

轮到小陈时，招聘人员问了小陈三个问题后，便向他要简历。小陈受宠若惊地掏出简历时，才发现，简历上不只有一大片水渍，而且放在包里一揉，再加上钥匙等东西的划痕，已经不成样子了。小陈努力将它弄平整，递了过去。看着这份伤痕累累的简历，招聘人员的眉头皱了皱，还是收下了。那份折皱的简历夹在一叠整洁的简历里，显得十分刺眼。

三天后，小陈参加了面试，表现非常活跃，无论是现场操作办公软件，还是为虚拟的产品做口头推介，他都完成得不错。在校读书时曾身为学校戏剧社骨干社员的小陈，还即兴表演了一段小品，赢得面试负责人的啧啧称赞。当小陈结束面试走出办公室时，一位负责招聘的女士对他说："你是今天面试者中最出色的一个。"

然而，面试过去一周了，小陈依然没有得到回复。他急了，忍不住打电话向那位女士询问情况。女士沉默了一会，告诉他："其实招聘负责人对你很满意，但你败在了简历上。老总说，一个连简历都保管不好的人，是管理不好工作的。你应该知道，简历实际上代表的是你的个人形象，将一份凌乱的简历投出去，有失严谨。"

要展示完美的自己很难，它需要每一个细节都要完善；但毁坏自己很容易，只要一个细节没注意到，就会给你带来难以挽回的影响。

一顿奢侈的晚餐吓走了外商

某国有企业与美国一家大公司商谈合作问题，这家企业花了大量功夫做前期准备工作。在一切准备就绪之后，公司邀请美国公司派代表来企业考察。前来考察的美国公司的代表在这家企业领导的陪同下，参观了企业的生产车间、技术中心等一些场所，对中方的设备、技术水平以及工人操作水平等，都表示了相当程度的认可。中方工厂非常高兴，设宴招待美方代表。

宴会选在一家十分豪华的大酒楼，有20多位企业中层领导及市政府的官员作陪。美方代表以为中方还有其他客人及活动，当知道只为招待他一人之后，感到不可理解，当即表示与中方的合作要进一步考虑。美方代表回国后，发来一份传真，拒绝了与该企业的合作。中方认为企业的各种条件都能满足美方的要求，对老板的招待也热情周到，却莫名其妙地遭到美方拒绝，对此相当不理解，便发信函询问。美方代表回复说："你们一顿饭都如此浪费，要把大笔的资金投入进去，我们如何能放心呢？"

对于这家企业来说，能得到一笔巨额投资对于其未来发展具有重要作用，所以这次合作是一件大事，但这件大事却因为一顿饭的"小节"而毁于一旦。

一部手机使爱立信输掉中国市场

有着百年辉煌历史的爱立信与诺基亚、摩托罗拉称雄于世界移动通讯业。但自 1998 年开始的 3 年里，当世界蜂窝电话业务高速增长时，爱立信的蜂窝电话市场份额却从 18% 迅速降至 5%，即使在中国这个它从未想放弃的市场，其份额也从 30% 左右迅速地滑到了 2%！爱立信在中国的市场销售额一泻千里，不但退出了销售三甲，而且还排在了“新锐”三星、菲利浦之后。在中国这样一个快速成长的市场上，国际上很多濒危的企业一到这个市场就能起死回生、生龙活虎，但爱立信却在这块风水宝地上失去了它往日的辉煌。

2001 年，在中国手机市场上，大家去买手机时，都在说爱立信如何如何不好。当时，爱立信一款叫作“T28”的手机存在质量问题，这本来就是一种错误，但对这种错误的漠视，使它犯了更大的错误。“我的爱立信手机话筒坏了，送到爱立信的维修部门，很长时间都没有解决问题；最后，他们告诉我是主板坏了，要花 700 元换主板。而我在个体维修部那里，只花 25 元就解决了问题。”一位消费者确切地说出了爱立信存在的问题。那时，几乎所有媒体都注意到了“T28”的问题，似乎只有爱立信没有注意到。爱立信一再辩解自己的手机没有问题，而是一些别有用心的人在背后捣鬼。然而，市场不会去探究事情的真相，也不给爱立信“申冤”的机会，而是无情地疏远了它。

其实，信奉“亡羊补牢”观念的中国消费者已经给了爱立信一次机会，只不过，爱立信没能好好把握那次机会。

1998 年，《广州青年报》从 8 月 21 日起连续三次报道了爱立信手机在中国市场上的质量和服务问题，引发了消费者以及知名人士对爱立信的大规模批评，而且，爱立信的768、788C以及当时大做广告的SH888，居然没有取得入网证就开始在中国大量销售。电信管理部门也证实了此事。至此，爱立信手机存在的问题浮出了水面。但爱立信则采取掩耳盗铃的方式来解决问题。据当时参加报道的一位记者透露，爱立信试图拿出几万元广告费来封堵媒体的嘴；爱立信广州办事处主任还心虚嘴硬地狡辩：我们的手机没有问题！既然选择拒不认错，爱立信自然不会去解决问题，更不会切实去做好服务工作。

质量和服务中的细节缺陷，使爱立信输掉了它从未想放弃的中国市场。

“88888账户”毁了巴林银行

巴林银行集团是英国伦敦城内历史最久、名声显赫的商人银行集团，素以发展稳健、信誉良好而驰名，其客户也多为显贵阶层，包括英国女王伊丽莎白二世。该行成立于1763年，其创始人弗朗西斯·巴林爵士时常夸耀其具有5个世袭贵族的血统，比中世纪以来的其他任何家族都要多。巴林银行在世界金融史上具有特殊地位，被称为金融市场上的金字塔。它最初由一家贸易行开始，不断拓展，成为政府债券的主要包销商，在欧洲金融界具有举足轻重的地位。巴林银行不仅为一大批富贵人家管理钱财，还为英国政府代理军费，慢慢从一个小小的家族银行，发展成为一个业务全面的银行集团。在最鼎盛时，其规模可以与英国其他银行体系的总和相匹敌。

然而1995年2月26日，英国中央银行英格兰银行却宣布了一条震惊世界的消息：巴林银行不得继续从事交易活动并将申请资产清理。10天后，这家拥有233年历史的银行以1英镑的象征性价格被荷兰国际集团收购。这意味着巴林银行的彻底倒闭。更让人惊奇的是，具有233年历史、在全球范围内掌控 270 多亿英镑资产的巴林银行，竟毁于一个年龄只有 28 岁的毛头小子尼克·里森之手。

1989 年，里森在伦敦受雇于巴林银行，成为一名从事清算工作的内勤人员，其职责是确保每笔交易的入账和付款。当时巴林银行越来越多地从事金融衍生业务，里森也参与进来。1992 年里森被调职，专事疑难问题的处理，一会儿飞往印尼去建立分公司，一会儿前往东京协助调查内部欺诈的投诉。当新加坡国际货币交易所意图成为亚洲新兴金融业务的中心时，巴林银行也想在此获取一席之地，而里森则受命组建一个领导班子去实现这一目标。

里森到了新加坡之后，开始只是做他在伦敦干过的清算工作，其后，由于缺乏人手，他开始自己做起交易来。由于工作出色，里森很快受到银行重用。1992 年，里森被派往巴林银行新加坡分公司担任经理，他的才能得到了充分的发挥。1993 年时，年仅 26 岁的里森已经达到了事业的巅峰，为巴林银行赢得 1000 万英镑，占巴林银行当年总利润的 10%，颇得老板的赏识和同行的羡慕。

1992 年，里森在新加坡任期货交易员，伦敦总部要求里森设立一个“错误账户”，记录较小的错误，并自行在新加坡处理，以免麻烦总部的工作。于是里森又建立了一个以中国文化看来非常吉利的“88888”错误账户。几周后，伦敦总部又要求用原来的 99905 的账户与总部联系，但这个已经建立的 88888 错误账户，却没有被销掉。就是这个被忽略的“88888”账户，日后改写了巴林银行的历史。

1992 年 7 月 17 日，里森手下一名交易员金姆·王误将客户买进日经指数期货合约的指令当作卖出，损失了 2 万英镑，当晚清算时被里森发现。但里森决定利用“88888”账户掩盖失误。几天后，由于日经指数上升，损失升到了 6 万英镑，里森决定继续隐瞒这笔损失。

另一个与此同出一辙的错误是里森的好友、委托执行人乔治犯的。与妻子离婚后的乔治整日沉浸在痛苦之中，并开始自暴自弃。作为自己最好的朋友，也是最棒的交易员之一，里森很喜欢他。但很快乔治开始出错了：里森示意他卖出的100份九月的期货全被他买进，价值高达800万英镑，而且好几份交易的凭证根本没有填写。为了掩盖失误、隐瞒损失，里森将其记入“88888”账户。

此后，类似的失误都被记入“88888”账户。里森不想将这些失误泄露，因为那样他只能离开巴林银行。但账户里的损失像滚雪球一样越来越大。如何弥补这些错误并躲过伦敦总部月底的内部审计以及应付新加坡证券期货交易所要求追加保证金等问题，成了里森最头疼的事情。

为了弥补手下员工的失误，里森将自己赚的佣金转入账户，但前提当然是这些失误不能太大，损失金额也不能太大，但乔治造成的错误确实太大了。急于想挽回损失的里森开始从蓄意隐瞒走向另一种错误——冒险。

为了赚回足够的钱来补偿所有损失，里森承担愈来愈大的风险。他当时从事大量跨式期权交易，因为当时日经指数稳定，想从此交易中赚取期权权利金，但如果运气不好，日经指数变动剧烈，此交易将使巴林承受极大损失。里森在一段时日内做得还极顺手。到了1993年7月，里森已将“88888”账户亏损的600万英镑转为略有盈余。当时里森的年薪为5万英镑，年终奖金则将近10万英镑。如果里森就此打住，那么，巴林的历史也会改变。

然而，其后市场价格破纪录地飞涨，用于清算记录的电脑故障频繁，等到发现各种错误时，里森的损失已难以挽回。无路可走的情况下，里森决定继续隐瞒这些失误。1994年7月，“88888”账户的损失已达5000万英镑。此时的里森成了一个赌徒，他一边将巴林银行存在花旗银行的5000万英镑挪用到“88888”账户中，一边造假账蒙蔽巴林银行的审计人员。他幻想着以一己之力影响市场的变动，反败为胜，补足亏空。

1995年2月23日，是巴林期货的最后一日，这一天，日经指数下跌了350点，而里森却买进了市场中所有的合约，到收市时，里森总共持有61039份日经指数期货的多头合约和26000份日本政府债券期货的空头合约，而市场走势和他的操作完全相反，里森带来的损失达到8.6亿英镑，这是巴林银行全部资本及储备金的1.2倍，最终把巴林银行送进了坟墓。

这些都是忽略细节的后果。在日常生活中，相信大家也经常有这样的感受：一个错误的数据导致病人死亡；一次忘记保存，让几个通宵的心血白费；一个材料的失误，使若干年的奋斗泡汤。作家柳青说："人生的道路虽然漫长，但紧要处常常只有几步。"在这紧要的几步，在这选择的关头，我们需要格外重视发生在身边的各种细节，以免一步错步步错，最后满盘皆输。这种注重细节的习惯是在平时养成的，需要在点点滴滴中锻炼。

我们处在一个经济高速发展，社会分工越来越细，专业化程度越来越高的时代，这也要求我们做事要认真、细致，否则会影响整个社会体系的正常运转。如，一台拖拉机有五六千个零部件，要几十个工厂进行生产协作；一辆小汽车有上万个零件，需上百家企业生产协作；一架波音747飞机，共有450万个零部件，涉及的企业更多。在这成千上万的零部件所组成的机器中，每一个部件容不得哪怕是1%的差错。否则，生产出来的产品不单是残次品、废品的问题，甚至会危害公众的生命。

注重细节、把小事做细并不是一件容易的事。丰田汽车公司也认为最艰巨的工作不是汽车的研发和技术创新，而是生产流程中如何将一根绳索摆放的不高不低、不粗不细、不歪不斜，而且要确保每个技术工人在操作这根绳索时都要无任何偏差。有时候你感觉自己马上掌握了真理，成功就在眼前，却因一些微不足道的细节让机遇悄悄溜走。

中国物理学界泰斗王淦昌（"两弹元勋"邓稼先的导师）早年在德国留学，师从被爱因斯坦称为"德国的居里夫人"的犹太籍物理学家梅特纳。

使人疲惫不堪的不是远方的高山，
而是鞋里的一粒沙子

王淦昌设计了一个实验方案志在发现中子。但是梅特纳看过之后，保守地认为这个方案没有可行性，王淦昌于是放了下来。两年后，英国年轻的物理学家查德威克采用和王淦昌类似的实验方案发现了中子，并获得了当年的诺贝尔物理学奖。梅特纳师徒与诺贝尔奖失之交臂，不胜懊悔。

俗话说，“祸患常积于忽微”，“勿以恶小而为之，勿以善小而不为”，“世上无小事，人间无细节”。

“有别人在场的时候，不要自己乱唱，也不要用手指敲打或者用脚踢什么东西；别人讲话时，不要插嘴；别人站着时，不要坐下；别人停下来时，不要自己走；和别人在一起，不要读书或者看报。如果确有必要做上述事情，也一定要请求。事先不得到允许，不要看别人的书或者写的东西，写信的时候，也别离得太近……”这是美国总统乔治·华盛顿 14 岁时抄在笔记本上的部分“守则”。这些看起来很约束人的细节，华盛顿却把它看成是成长所必需的“维生素”。假如乔治·华盛顿不注意这些细小的事，从不顾别人的感受，就不可能会被尊为“美国国父”。

一个木桶，决定其容量大小的是其中最短的那块木板；一根铁链，决定其强度的是最脆弱的那一环；而一个人，视野所及将是其人生所达到的宽度。因此，我们要下功夫补齐最短的那块木板的长度，增加最弱的那块铁环的强度，拓宽人生视野的宽度。这就需要从工作生活中一些看似平凡、简单的小事做起。海尔集团首席执行官张瑞敏说：“什么是不简单？把每一件简单的事做好就是不简单；什么是不平凡？把每一件平凡的事做好就是不平凡。”

一滴水可以折射出整个太阳，窥一斑而知全豹。细节相当于试纸，可以测出一个人的素质和境界。你的一言一行，一举一动都可以成为命运的偏旁部首。所以，要想走向成功，就要注重细节；要想避免失败，就不要忽略细节。

把握细节，把握人生

老子曰："天下难事，必作于易；天下大事，必作于细。"世界上不缺少美，缺少的是发现美的眼睛。同样，生活中也不缺乏机会，缺少的只是于细微处发现机会的洞察力。

菲力的一把椅子

一个阴云密布的午后，由于瞬间的倾盆大雨，行人纷纷进入就近的店铺躲雨。一位老妇人也蹒跚地走进费城百货商店避雨。面对她略显狼狈的姿容和简朴的装束，所有的售货员都对她视而不见。

这时，一个年轻人诚恳地走过来对老妇人说："夫人，我能为您做点什么吗？"老妇人微微一笑："不用了，我在这儿躲会儿雨，马上就走。"老妇人随即又心神不定了，不买人家的东西，却借用人家的屋檐躲雨，似乎不近情理，于是，老妇人开始在百货商店里转起来，哪怕买个小头饰呢，也算给自己的躲雨找个心安理得的理由。

正当老妇人犹豫徘徊时，小伙子又走过来说："夫人，您不必为难，我给您搬了一把椅子，放在门口，您坐着休息就是了。"两个小时后，雨过天晴，老妇人向那个年轻人道谢，并向他要了张名片，颤巍巍地走出了商店。

几个月后，费城百货公司的总经理詹姆斯收到一封信，信中要求将这位年轻人派往苏格兰收取一份装潢整个城堡的订单，并让他承包自己家族所属的几个大公司下一季度办公用品的采购任务。詹姆斯惊喜不已，粗略一算，这一封信所带来的利益，相当于他们公司两年的利润总和！

詹姆斯迅速与写信人取得联系后，方才知道，这封信出自一位老妇人之手，而这位老妇人正是美国亿万富翁“钢铁大王”卡内基的母亲。詹姆斯马上把这位叫菲利的年轻人推荐到公司董事会上。毫无疑问，当菲利打点行装飞往苏格兰时，他已经成为这家百货公司的合伙人了。那年，菲利 22 岁。

随后的几年，菲利以他一贯的忠实和诚恳，成为“钢铁大王”卡内基的左膀右臂，事业扶摇直上，成为美国钢铁行业仅次于卡内基的重量级人物。

菲利只用了一把椅子，就轻易地与“钢铁大王”卡内基并肩作战，从此走上了让人梦寐以求的成功之路。

日本历史上的名将石田三成的成功也能说明细节对个人成功的重要性。

石田三成未成名之前在观音寺谋生。有一天，幕府将军丰臣秀吉口渴到寺中求茶，石田热情地接待了他。在倒茶时，石田奉上的第一杯茶是大碗的温茶；第二杯是中碗稍热的茶；当丰臣秀吉要第三杯时，石田三成却奉上一小碗热茶。丰臣秀吉不解其意，石田三成解释说：第一杯大碗温茶是为解渴的，所以温度要适当，量也要大；第二杯中碗热茶，是因为已经喝了一大碗不会太渴了，稍带有品茗之意，所以温度要稍热，量也要小些；第三杯，不为解渴，纯粹是为了品茗，所以要奉上小碗的热茶。丰臣秀吉被石田三成的体贴入微深深打动，于是将其收在自己幕下，使得石田三成有机会成为一代名将。

菲利和石田三成的故事告诉我们：机会隐藏在细节之中。当然，做好了这些细节，未必能够遇到平步青云的机会，但如果不做，就永远也不会有这样的机会。

事实上，被科学家用来形象说明混沌理论的“蝴蝶效应”，也存在于我们的人生历程中：一次大胆的尝试，一个灿烂的微笑，一个习惯性的动作，一种积极的态度和真诚的服务，都可以触发生命中意想不到的起点，它能带来的远远不止一点点的喜悦和表面上的报酬。谁能捕捉到对生命有益的“蝴蝶”，谁就不会被社会抛弃。

每桶四美元

阿基勃特是美国标准石油公司里的一位小职员。无论外出旅行、购物、吃饭、付账，还是给朋友写信，只要有签名的机会，阿基勃特都不忘写上“每桶 4 美元的标准石油”——这是公司当时的宣传口号。有时，阿基勃特甚至不写自己的名字，而用这句话代替自己的签名。时间久了，同事们都称他为“每桶 4 美元”，而他的真名却很少有人叫。

这件事后来被公司董事长洛克菲勒知道了，他没想到竟有职员会如此卖力地宣传公司，就想要见见这个小职员，于是邀请阿基勃特共进晚餐。谈话的结果也让洛克菲勒特别满意，于是开始注意并培养阿基勃特。过了几年，洛克菲勒即将卸任，他做出了一个出乎所有人意料的决定——将公司董事长的职位交给阿基勃特，而不是自己的儿子。

结果证明，洛克菲勒的任命是一个英明的决定，在阿基勃特的领导下，美国标准石油公司更加兴旺繁荣。

其实，人们不应该感到意外，一个把公司的命运时刻放在自己心里的人，自然会受到老板的信赖；一个有一分热便发一分光的人，老板自然敢把公司要务托付给他。

菲力、石田三成、阿基勃特做的都是人人可以做到的小事，也许别人不做或不屑做，或根本就没想到要去做，唯有他们去做了，并且做得如此完美，因此他们也得到了自己应得的回报。

我们大多数人平时所做的工作都是一些具体、琐碎、单调、不起眼的事，这些事也许过于平淡，也许是一些鸡毛蒜皮，但这就是工作，这就是生活，是成就大事不可缺少的基础。

注重小事的史密斯

克莱斯勒的执行副总裁史密斯，大学毕业后就投身到汽车制造业。当时，很多年轻人都很浮躁，想着短期内就能升职加薪，而史密斯却显得沉稳有度，没有说太多的豪言壮语，就老老实实地从基层做起，到通用汽车工厂做了一名工人。

不过，史密斯并非没有理想，只是他比较务实，知道只有从基层做起，才能最大限度地增长知识、锻炼能力。到工厂后，他开始做汽车装配工作，一方面看书学习理论知识，一方面跟着厂里的老员工学艺，认真观察每一个细节。在日复一日的工作里，他留意着工厂运作的各个环节，注意观察工人们的工作方式、工作态度，长此以往，还真发现了不少问题。

他发现，工厂的机器运转经常会出现停顿，工人们也总是满腹牢骚，这直接影响了工厂的生产效率和产品的质量。细心的史密斯，把自己观察到的各种现象都记在了笔记本上，并思考其中的原因。由于工作态度认真，他很快就被提升为生产组长。

后来，他把自己长期观察和思考的结果交给通用公司的经理，经理非常惊讶，意识到这是一个不可多得的人才。很快，经理就将其任命为工厂的厂长，主抓产能。此时，史密斯积累的经验和知识开始真正发挥作用了。他认为，在美国当时的汽车工人工资水平上，要想降低汽车生产成本，提高本土汽车的竞争力，唯一可行的办法就是提高工厂的效率，用远高于亚洲等低成本劳动力地区的单个工人生产率来展开竞争，才能保住美国的汽车制造业。

就这样，他开始对工厂的生产流程进行改进，并与工人沟通，解决他们的实际困难，激发他们的工作热情。很快，工厂的产能得到了快速提升，单车的生产成本大幅度下降。后来，克莱斯勒汽车公司发现了史密斯的才能，诚邀他去做执行副总裁。至此，史密斯揭开了他事业的新篇章。

一个矿泉水瓶盖有几个齿?

一个矿泉水瓶盖有几个齿？虽然我们经常喝矿泉水，但你不会在意，刚刚拧开的那瓶矿泉水，瓶盖上会有几个齿。如果拿这个问题问你，你一定会嗤之以鼻，因为这个问题太“无厘头”了。

某电视台制作了一期人物访谈节目，嘉宾是宗庆后。知道宗庆后的人可能不多，但几乎人人都喝过他企业的产品——娃哈哈。这个 42 岁才开始创业的杭州人，曾经做过 15 年的农场工，插过秧，晒过盐，采过茶，烧过砖，蹬着三轮车卖过冰棍……在短短 20 年的时间里，他创造了一个商业奇迹，将一个连他在内只有 3 名员工的校办企业，打造成了中国饮料业的巨无霸。

关于宗庆后的创业，关于娃哈哈团队，关于民族品牌铸造……在问了若干个大家感兴趣的问题后，主持人忽然从身后拿出了一瓶普通的娃哈哈矿泉水，考了宗庆后 3 个问题。

第一个问题：“这瓶娃哈哈矿泉水的瓶口，有几圈螺纹？”

“4 圈。”宗庆后想都没想，回答道。主持人数了数，果然是 4 圈。

第二个问题：“矿泉水的瓶身，有几道螺纹？”

“8 道。”宗庆后还是不假思索地一口答出。主持人数了数，只有 6 道啊。宗庆后笑着告诉她，上面还有两道。

两个问题都没有难倒宗庆后，主持人不甘心。她拧开矿泉水瓶，看着手中的瓶盖，沉吟了片刻，提了第三个问题：“你能告诉我们，这个瓶盖上有几个齿吗？”

观众都诧异地看着主持人，不知道她葫芦里卖的是什么药。很多人赶到电视录制现场，就是为了一睹传奇人物的风采，有的人还准备了很多问题，向宗庆后现场讨教呢，可是，主持人竟将宝贵的时间拿来问这样一个无聊的问题。

宗庆后微笑地看着主持人，说：“你观察得很仔细，问题很刁钻。我告诉你，一个普通的矿泉水瓶盖上，一般有 18 个齿。”

主持人不相信地瞪大了眼睛：“这个你也知道？我来数数。”主持人数了一遍，真是 18 个。又数了一遍，还是 18 个。人们恍然大悟，场上响起热烈的掌声。

我们听过太多关于财富的神话，对这些财富的创造者也经常充满好奇，很是神往，可谁又能想到，一个身价 680 亿元（编者注：《2019 胡润全球富豪榜》中，宗庆后家族以 900 亿元财富位列大中华区第 20 位）的企业家，一个几十家公司的掌舵者，一个开发生产了几十个饮料产品的公司老总，每日需要决断处理的事务何其繁杂，可是，他连矿泉水瓶盖上有几个齿，都了如指掌——宗庆后就是这样一步一步走向成功的。如果将你正在从事的事业比喻成一瓶矿泉水的话，那你知道你的瓶盖上有多少个齿吗？如果你想成功的话，你必须要知道！

成功的最好方法，就是从身边的小事开始，把任何事情都做得精益求精、尽善尽美，让自己经手的每一件事，都贴上“卓越”的标签。什么是卓越？卓越就是不放松对自己的要求，就是在别人任意随便时自己仍然一如既往地坚持。

世界级的竞争，是细节竞争

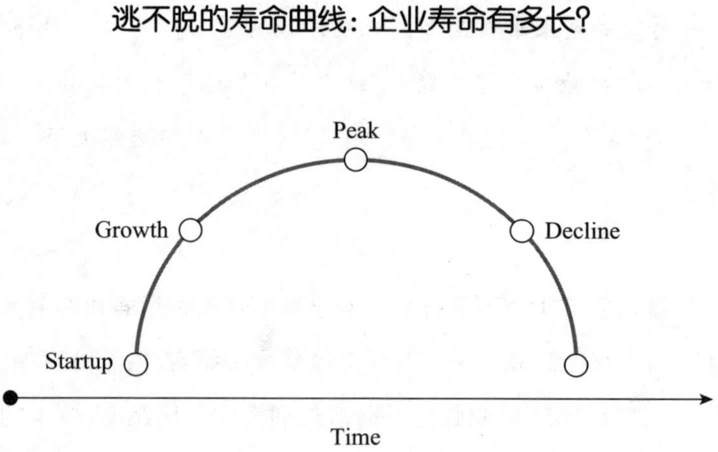

图 1-1　企业寿命曲线图

像王朝周期更替一样，很多企业的发展都经历了初创（Startup）、成长（Growth）、成熟（Peak）、下降（Decline），最后破产倒闭的过程（如图 1-1 所示）。听过太多知名大企业瞬间倒塌的例子：金融界巨头，1850 年创立，历经 150 多年发展的雷曼兄弟公司在 2008 年次贷危机中轰然倒塌；创造了世界车坛的速成神话，给韩国人带来过无限自豪和荣耀的韩国第二大汽车生产企业大宇汽车公司，因资不抵债和经营不善，最终于 2000 年 12 月结束了其“不沉航空母舰”的神话；曾为中国乳品行业龙头企业的三鹿集团，因三聚氰胺事件，于 2009 年 2 月 12 日宣布破产……

比尔·盖茨常说，微软距离破产永远只有 18 个月。那么一般企业的寿命到底有多长呢？据美国《财富》杂志报道，美国中小企业平均寿命不到

7 年，大企业平均寿命不足 40 年。而中国，中小企业的平均寿命仅 2.5 年，集团企业的平均寿命仅 7 ~ 8 年。因此，如何在全球竞争的背景下起步，并立于不败之地，成为任何企业都需要思考的问题。

日本企业长寿的秘诀：关注细节，精益求精

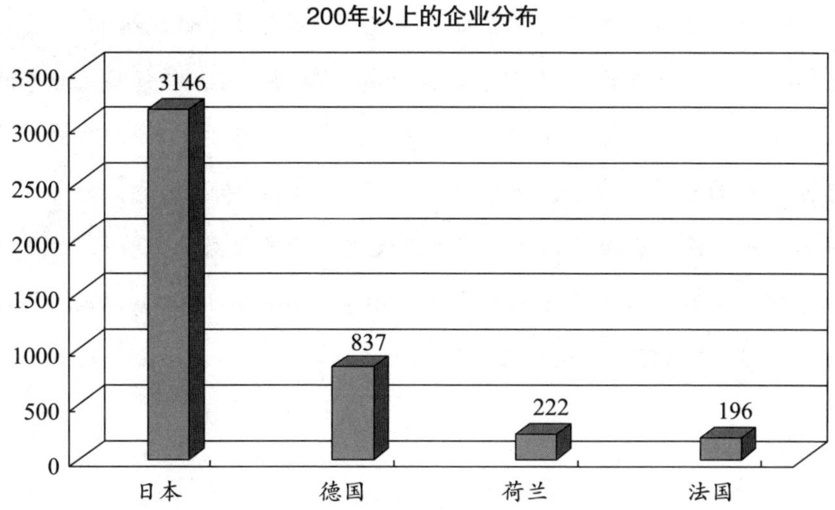

图 1–2　200 年以上的企业分布图

调查显示（如图 1–2），全球 41 个国家中，寿命超过 200 年的企业有 5586 家，其中日本企业占据了 3146 家，其次为德国企业，不过其数量仅为 837 家，约为日本的 1/4。荷兰和法国分别以 222 家和 196 家排名第三、第四。调查还显示，日本现在约有 260 万家企业，其中拥有百年以上历史的企业约为 3.3 万家。与世界其他国家相比，日本是长寿企业最多的国家。

另根据韩国银行 2008 年发表的"日本企业长寿原因及启示"报告显示，现存有记录的世界最古老企业中，排名靠前的基本都为日本企业。比如排在第 1 位的"金刚组"，创业于公元 578 年，距今（2019 年）已有 1441 年的历史；排名第 2 位的"甲州西山温泉庆云馆"，创业于公元 705 年，距今

（2019 年）已有 1314 年；第 3 位的“千年之汤古”，创业于公元 717 年，距今（2019 年）已有 1301 年，三家企业寿命均超过 1300 年。

日本企业能如此长寿的原因很多，如坚守本行、待员工如家人等，但关注细节、精益求精的态度无疑在其中发挥了重要作用。

日本最大的综合性办公用品供货商国誉 (KOKUYO)，是黑田善太郎于 1905 年创立，最初仅生产当时在日本普遍使用的账本（日式账本）。公司有一条家训——“正百枚”，据说，在黑田善太郎创业时，销售日式账本的同行之间虽然都声称所销售的是“账本 100 枚”，但实际上只有 98 枚，因为前后两张封面也算了进去。黑田善太郎对这一现象非常气愤，力主“既然说是账本 100 枚，那就应该确保实际可使用的账本页数为 100 枚”，并率先带头销售实际页数为 100 枚的账本。黑田善太郎就从这个小小的细节入手赢得了信誉，“正百枚”也作为家训代代传承，影响着国誉公司的百年发展历程。

日本企业关注细节处处皆有体现，并尽可能在最小的地方做最多且最方便的事。有些便利店贴心地在收银台下面设置了小小的洗手台，方便顾客买了食物想吃，又苦于无处洗手。商场里的儿童厕所不仅便池、洗手池矮小，并带扶手，墙上还贴有可爱的卡通图画，带孩子的家长不会为小孩上成人厕所发愁。无论是店铺还是大型游乐场，开门迎客的时间都准确到秒，8 点就是 8 点，绝不会是 8:01 或 7:59。商场里的商品，小到一把指甲刀都有相对应的名字。

日本企业正是用这种把细节做到极致的精神赢得了世界客户的尊重，也成为企业长寿的重要秘诀。

荣华鸡为什么干不过肯德基？

1987年肯德基在中国建立第一家西式快餐厅。很快，肯德基以其鲜明的特色，优美、简洁的环境，标准化制作的食品，热情、周到的服务，吸引了大批食客，尤其是青少年前来就餐。肯德基这种全新的形式以及丰厚的利润，大大刺激了中国传统的饮食业，一些国内餐饮企业也纷纷起而效仿，准备与其一争高下，上海的“荣华鸡”即是其中之一。

荣华鸡快餐公司成立于1991年，刚成立的两年，公司最高日营业额达11.9万元，月平均营业额达150万元，两年累计营业额达1500万元，效益最好的黄浦店，一年就有300多万元的利润，职工两年内发展到近300人。北京、天津、深圳等多个城市向荣华鸡发出邀请，新加坡、捷克等外商也邀请荣华鸡前去发展，中华民族的烹饪文化有望在异国他乡开花结果。1994年，荣华鸡在北京开了第一家分店，声称：“肯德基开到哪，我就开到哪！”

然而，随着时间的推移，荣华鸡在与肯德基的较量中逐渐败下阵来。2000年，荣华鸡快餐店从北京安定门撤出，荣华鸡为期6年的闯荡京城生涯，画上了个不太圆满的句号。与荣华鸡宣布撤出京城形成鲜明对比的是，2000年肯德基在中国23个城市里增开85家连锁店，并在北京正式宣布其在中国的连锁店一次突破400家。

《亚洲周刊》2000年4月刊登了世界著名调研公司AC尼尔森公司在中国30个城市所做的一份调查：在“顾客最常惠顾”的国际品牌中，肯德基排名第一。有统计显示，肯德基在中国大陆的营业额接近40亿元人民币，而它在全球的营业额更是惊人地达到了220亿美元，居世界餐饮业前列。

中国作为一个烹饪大国，有着几千年美食文化的传统，而且中式快餐能为百姓提供更符合大多数消费者饮食习惯的食品和服务，本应该在市场竞争中占据上风，可十几年下来，洋快餐稳扎稳打，占据了快餐业越来越多的市场份额。为什么在快餐业的竞争中，我们却屡屡以失败告终呢？

荣华鸡失败以后，创立荣华鸡的新亚集团领导层对经营方式、竞争优势进行了一番反思。他们发现，说到竞争优势，产品只是一个表面现象，而产品背后很多深层的管理方面的东西才是决定竞争成败的关键。荣华鸡之所以落败，根本原因在于细节。

上海新亚集团是上海旅馆业、餐饮业中最大的集团之一。集团内的国家级的厨师大概有几百名；要说产品开发能力，产品的口感，肯德基绝对比不过它，但是存在的问题在哪里？问题的分析恰恰得从这些名厨入手。这些名厨都是手工化操作，教徒弟没办法标准化。一个厨师如果晚上多喝了一口酒，第二天做出来的食品口味可能不一样；早晨如果多吃了一点咸菜，做出来的产品的口感与昨天又不一样。所以，每天烧出来的口味是不一样的；教出来的徒弟也不一样。因而，食品就没办法根据标准进行批量化生产。

再来看肯德基，其真正优势在于其产品背后一套严格的管理制度。肯德基在进货、制作、服务等每一个环节都有着严格的质量标准，并有着一套严格的规范来保证这些标准得到一丝不苟地执行。配送系统的效率与质量、每种佐料搭配的精确（而不是大概）分量、切青菜与肉菜的先后顺序、烹煮时间的分秒限定（而不是任意更改）、清洁卫生的具体打扫流程与质量评价量化，乃至于点菜、换菜、结账、送客、遇到不同问题的文明规范用语、每日各环节差错检讨与评估等上百道工序都有严格的规定。比如肯德基规定食料用鸡，只能养到七个星期，超过七个星期坚决不用。原因是到第八个星期虽然肉长得最多，但肉质就太老。而包括荣华鸡在内的所有中式快餐，恐怕就没有考虑到这些，即使考虑到了也没有细致到这种程度。这正是荣华鸡在与肯德基的较量中败走麦城的原因。

魔鬼存在于细节之中

日本汽车与美国汽车的较量

亨利·福特 1907 年发明的 T 型车及首创流水线生产方式，对美国汽车工业的发展作出了巨大的贡献。经过长期的竞争和兼并，美国汽车制造业由三大汽车公司控制着，它们是通用汽车公司、福特汽车公司和克莱斯勒汽车公司，俗称“三巨头”。三巨头在 1993 年的销售额总和约 2857 多亿美元，与当年我国国民生产总值差不多。

在汽车发展史上，美国汽车业首先以流水作业的生产方式把汽车变成了一款普及性的商品，并打败了汽车发明地欧洲。20 世纪 50 年代至 70 年代初是美国汽车黄金发展时期，但 70 年代两次石油危机之后，经济省油的日本小型汽车崛起。从 20 世纪 70 年代到 90 年代，日本汽车大举打入美国市场，势如破竹，给美国汽车市场造成了巨大冲击。“三巨头”此后便陷入了长期的衰退，1978 年～1982 年，福特汽车销量每年下降 47%，1980 年出现了 34 年来第一次亏损（也是当年美国企业史上最大的亏损），1980 年～1982 年的三年间，亏损总额达 33 亿美元；而克莱斯勒公司濒于破产，通过提起反倾销法案强制日本人“自愿”限制汽车出口数量，方才免于倒闭。美国保持了多年的汽车第一大生产国地位也一度被日本超越。

说起日本汽车进入美国市场这段历史，有这样一个细节。

1980 年 7 月，美国 NBC 电视台在黄金档时间播出了一个名为“日本能，我们为什么不能？”的电视专题片，时间长达两个小时，其主题是比较美国与日本的工业。NBC 节目主持人说道：日本本国几乎不产原材料，工业原材料的 95% 依赖进口。这就是说，就天然条件而言，日本可算是赤贫。而在美国的市场上，到处都是日本的产品，汽车、家用电器、照相机等不用说，就是要买把铁锤，也是日本制造。在“二战”之前，日本人以制造伪劣产品昭著于世，“日本制造”一词成为取笑劣质产品的口头禅。但时至今日，“日本制造”已经是品质优秀的代名词。美国是汽车制造的王国，可是这个“是”字要写成过去式。因为，日本生产的汽车总和已经超过了美国！

主持人把画面镜头切换到了日本的汽车工厂：日本的汽车工厂日夜加班，连周六和周日都不休息，到处是一片繁忙景象；而美国的汽车工厂呢？画面转向美国汽车城底特律：停工的车间处处可见，街头到处是失业的工人，一片萧条景象。最近听说，美国福特汽车有意替丰田在美国装配汽车。这真是天底下最荒唐的事情，汽车制造的鼻祖居然沦为装配线！而日本的汽车都销售到哪里去了呢？镜头：在美国的高速公路上、在美国的街头、在停车场，到处都是日本品牌的汽车。记者现场采访：“为什么要买日本汽车？”“日本汽车省油。”“日本汽车质量好又美观。”“日本汽车价廉质优。”“日本车使用方便。”“日本人服务态度好，售后服务质量高，用起来放心。”“美国车耗油，费用高。”“维修不方便。”……美国汽车根本不是日本汽车的对手，美国汽车如今是一片打折降价声，但还是斗不过日本汽车。美国的年轻人现在以开日本的小跑车为荣。主持人的语气十分沉重。

一直处于垄断地位并以导师姿态自居的美国汽车业，在日本汽车的进逼下，节节败退，以至于不得不动用反倾销法等其他手段来进行干预。

比起美国，日本的汽车生产起步较晚。先让我们看一下日本汽车发展的几个主要数字：

作为日本第一大汽车生产厂家的丰田公司1933年底才成立，而且只是作为丰田自动纺织机械制造厂的一个部门。

1937年8月，丰田汽车部门独立出来，成立了丰田汽车公司。

1950年，为了学习美国的经验，公司总裁丰田英二专程到美国的汽车城底特律，考察了福特公司的轿车厂。当时这个厂每天能生产7000辆轿车，比日本丰田公司一年的产量还要多。

20世纪50年代，日本汽车工业形成完整体系。

1961年，日本汽车产量超过意大利跃居世界第五位。

1965年，超过法国居第四位。

1966年，超过英国升为第三位。

1968年，追上德国居世界第二位。

1980年，日本汽车产量首次突破1000万辆大关，达1104万辆，占世界汽车总产量的30%以上，一举击败美国成为“世界第一”。

1990年，日本以1348.68万辆的汽车产量创出历史新高。

那么，后起的日本汽车凭什么能与美国较量呢？凭借的是一种将细节做到极致的精神。说到底，世界级的竞争，就是细节竞争。只有不断地关注细节，注重优化流程，将成熟的管理规范通过细节体现出来，才能在世界竞争的大潮中立于不败之地。

从细节中来，到细节中去

从如下公式可以看出细节的重要性：100–1 ≠ 99，100–1 = 0。1%的错误会带来100%的失败！这就好比烧开水，99℃就是99℃，如果不再持续加温，是永远不能成为滚烫的开水的。所以我们只有烧好每一个平凡的1℃，在细节上精益求精，才能真正达到沸腾的效果。小事不可小看，细节彰显魅力。如果每个人都热爱自己的工作，每天就会尽自己所能力求完美。而如果我们关注了细节，就可以把握创新之源，也就为成功奠定了坚实的基础。

成功源于一点一滴的积累

一个人，要想获得成功，从平凡走向卓越，就必须拥有对目标坚持不懈的恒心和强大的意志力。那些伟人之所以能创造出伟大的事业，凭借的正是持之以恒的毅力。

马克思整整花费了40年的心血，才完成了巨著《资本论》；伟大的德国文学家歌德创作《浮士德》，用了50年的时间；中国古代医药学家李时珍为了写《本草纲目》，经历了30年的跋山涉水；大书法家王羲之经年累月苦练书法，成就了“天下第一行书”的盛名；著名科学家、气象学家竺可桢坚持每天记录天气情况，记录了38年零37天，其间没有一天间断，直到他去世前的那一天；著名作家巴尔扎克为了创作他的小说，在深夜的街头等着从舞会里出来的贵妇人；美国作家马克·吐温更是把自己积累素材的日记称之为油料箱；发明家爱迪生在1000多次失败的实验后才发现钨丝最适合做灯泡的灯丝，那么，他之前的每一次失败有什么价值呢？爱迪生自己给出了最好的答案：“我至少发现了1000多种不适合做灯丝的材料。”爱迪生告诉我们，以前的失败只是前进路上的障碍和陷阱，每一次跌倒，我们都可以从中汲取教训，避免以后犯同样的错误。从这个角度来说，失败并不是一件坏事。“失败是成功之母”道理也如此。

然而，这种持之以恒的毅力不是天生得来的，它需要在日积月累的坚持中慢慢磨炼而成，尤其是对于还不成熟的人来说，持之以恒更需要在日常生活的许多细节中慢慢培养。要知道，成功不是一朝一夕可以获得的，只有每天前进一步，才能逐渐靠近自己的目标。

著名学者钱钟书在清华大学读书时，为了更广泛地汲取知识，为自己制定了“横扫清华图书馆”的目标，要读尽清华藏书。在这个目标的激励下，他勤学苦读，笔耕不辍，最终成为著名作家。

在生活和学习中，我们应该把远大的目标分解成眼前的每一天应该完成的任务。我们要尽量保持一颗“平常心”，要设计好明天的宏伟目标，更要走好今天的每一步；应该每天都要努力向前，抓紧平时的一点一滴，才能积累出最后的辉煌。

而恒心与意志力是造就成功的关键品质。有时候，超人的意志和决不放弃的精神甚至能创造奇迹。

当然，要做到不轻言放弃，我们还需要正确地认识失败和挫折。

斯坦门茨价值一万美元的一条线

20 世纪初，美国福特公司正处于高速发展时期，一个个车间、一片片厂房迅速建成并投入使用。客户的订单快把福特公司销售处的办公室塞满了，每一辆刚刚下线的福特汽车都有许多人等着购买。突然，福特公司一台电机出了故障，整个车间几乎都不能运转了，相关的生产工作也被迫停了下来。公司调来大批检修工人反复检修，又请了许多专家来察看，可怎么也找不到问题出在哪儿，更谈不上维修了。福特公司的领导懊恼不已，别说停一天，就是停一分钟，对福特来讲也是巨大的经济损失。这时有人提议去请著名的物理学家、电机专家斯坦门茨帮助，领导宛如抓住了救命稻草，急忙派专人把斯坦门茨请来。

斯坦门茨仔细检查了电机，然后用粉笔在电机外壳画了一条线，对工作人员说：“打开电机，在记号处把里面的线圈减少 16 圈。”人们照办了，令人惊异的是，故障竟然排除了！生产立刻恢复了！

福特公司经理问斯坦门茨要多少酬金，斯坦门茨说：“不多，只需要 1 万美元。”1 万美元？就只简简单单画了一条线！当时福特公司最著名的薪酬口号就是“月薪 5 美元”，这在当时是很高的工资待遇，以至于全美国许许多多经验丰富的技术工人和优秀的工程师为了这5美元月薪从各地纷纷涌来。1条线，1万美元，一个普通职员100多年的收入总和！斯坦门茨看大家迷惑不解，转身开了个清单：画一条线，1美元；知道在哪儿画线（涉及如何观察、分析问题、判断问题和正确地运用知识与逻辑，而画线是这一系列工作之后的最后一件小事，在日常事务中若解决问题时搞错了方向，问题是永远得不到解决的，会一直作为问题并存在着，若找对了方向，解决它可能就是一瞬间和一个简单的买入或卖出动作而已），9999美元。福特公司经理看了之后，不仅照价付酬，还重金聘用了斯坦门茨。

是的，斯坦门茨的回答很对，画线是人人都能做到的，知道应该在哪里画线却是极少数人才具备的才能。许多人常常抱怨自己的待遇和收入太低，却很少在心底问过自己是否具备获取高报酬的本领。这故事原本说的是知识的价值，如果换个角度来说，就是决策的结果很简单，但决策的过程很复杂，需要人们做大量深入细致的调查研究。以此例来说，为什么要在此处而非在彼处画线？为什么是减去16圈，而不是减去15圈或17圈？可以说，决策正确显本事，细微之处见功夫。决策的过程是一个从细节中来、到细节中去的过程。

兰德公司的决策

兰德公司（RAND）是当今美国最负盛名的决策咨询机构之一，一直高居全球十大超级智囊团排行榜首。它的职员有1000人左右，其中500人是各方面的专家。兰德公司影响着美国政治、经济、军事、外交等一系列重大事件的决策。

1950年，朝鲜战争爆发之初，就中国政府的态度问题，兰德公司集中了大量资金和人力加以研究，得出7个字的结论——中国将出兵援朝，作价500万美元（相当于一架最先进的战斗机价钱），卖给美国对华政策研究室。研究成果还附有380页的资料，详细分析了中国的国情，并断定：一旦中国出兵，美国将输掉这场战争。美国对华政策研究室的官员们认为兰德公司是在敲诈，是无稽之谈。

后来，从朝鲜战场回来的麦克阿瑟将军感慨地说："我们最大的失误是舍得几百亿美元和数十万美国军人的生命，却吝啬一架战斗机的代价。"事后，美国政府花了200万美元，买回了那份过时的报告。

军事上的战略决策要从研究每个细节中来，商战中的战略决策也同样如此。麦当劳在中国开到哪里，火到哪里，令中国餐饮界人士又是羡慕，又是嫉妒，可是我们有谁看到了它前期艰苦细致的市场调研工作呢？

麦当劳进驻中国前，连续5年跟踪调查，内容包括中国消费者的经济收入情况和消费方式的特点，提前4年在中国东北和北京市郊试种马铃薯，根据中国人的身高体形确定了最佳柜台、桌椅和尺寸，还从香港地区的麦当劳空运成品到北京，进行口味试验和分析。开首家分店时，在北京选了5个地点反复论证、比较，最后麦当劳进军中国，一炮打响。

这就是细节的魅力。我们中国哪个餐饮企业在开业之前做过如此深入的市场研究？正如《细节决定成败》一书的作者汪中求所说，中国绝不缺少雄韬伟略的战略家，缺少的是精益求精的执行者；绝不缺少各类规章、管理制度，缺少的是对规章制度不折不扣的执行。好的战略只有落实到每个执行的细节上，才能发挥作用。

案例分析——从福特的故事说起

一只蝴蝶在巴西扇动翅膀，有可能在美国的得克萨斯州引起一场龙卷风。一个微不足道的动作，或许会改变人的一生，这绝不是夸大其词，我们来看一下福特的故事。

福特故事 1：面试

美国福特公司名扬天下，不仅使美国汽车产业在世界占据鳌头，而且改变了美国的国民经济状况，谁又能想到该奇迹的创造者福特当初进入公司的“敲门砖”竟是“捡废纸”这个简单的动作？

福特刚从大学毕业时，到一家汽车公司应聘。一同应聘的几个人学历都比他高，在其他人面试时，福特感到没有希望了。当他敲门走进董事长办公室时，发现门口地上有一张纸，很自然地弯腰把它捡了起来，看了看，原来是一张废纸，就顺手把它扔进了垃圾篓。董事长对这一切都看在眼里。福特刚说了一句话：“我是来应聘的福特。”董事长就发出了邀请：“很好，很好，福特先生，你已经被我们录用了。”这个让福特感到惊异的决定，实际上源于他不经意的“捡废纸”的动作。从此以后，福特开始了他的辉煌之路，直到把公司改名，让福特汽车闻名全世界。

福特的收获看似偶然，实则必然，他下意识的动作出自一种习惯，而习惯的养成来源于他们的积极态度，这正如著名心理学家、哲学家威廉·詹姆士所说：“播下一个行动，你将收获一种习惯；播下一种习惯，你将收获一种性格；播下一种性格，你将收获一种命运。”

事实上，被科学家用来形象说明混沌理论的“蝴蝶效应”，也存在于我们的人生历程中：一次大胆的尝试，一个灿烂的微笑，一个习惯性的动作，一种积极的态度和真诚的服务，都可以触发生命中意想不到的起点，而这能带来的远远不止一点点喜悦和表面上的报酬。

福特的故事 2：帮助

美国汽车工业巨头福特曾经特别欣赏一个年轻人的才能，想帮助这个年轻人实现自己的梦想。可这位年轻人的梦想却把福特吓了一跳：他一生最大的愿望就是赚到 1000 亿美元——超过福特现有财产的 100 倍。

福特问他：“你要那么多钱做什么？”

年轻人迟疑了一会儿，说：“老实讲，我也不知道，但我觉得只有那样才算是成功。”

福特说：“一个人果真拥有那么多钱，将会威胁整个世界，我看你还是先别考虑这件事吧。”

在此后长达 5 年的时间里，福特拒绝见这个年轻人，直到有一天年轻人告诉福特，他想创办一所大学，已经有了 10 万美元，还缺少 10 万美元。福特这时开始帮助他，他们再没有提过那 1000 亿美元的事。

经过 8 年的努力，年轻人成功了，他就是著名的伊利诺斯大学的创始人本·伊利诺斯。

福特的故事 3：半杯理论

亨利·福特被美国人称为“汽车之父”。1913 年亨利·福特率先采用流水线组装汽车，第一次实现了 10 秒钟组装一部汽车的神话。几年后，民用汽车的价格降低了一半，小轿车不再是富豪的专属。福特的思想对全世界的制造业也产生了极大的影响。今天，大到一架飞机，小到一包糖果，都可以在流水线上生产。

福特汽车公司初具规模后，在一次高层会议中，福特建议改进现有的装配线，从而提高生产效率。这个提议遭到很多人的极力反对：有人觉得改进装配线，既要投资购买机器，又得重新培训工人，风险太大了；另一部分人则认为公司的生产能力已经够强，效益也很好，没必要花力气去提高效率。

听完大家的意见，福特举起桌上的玻璃杯问："你们看到了什么？"有人担忧地说："半杯水被喝了，杯子空了一半。""别担心，"有人乐观地说，"杯子里还有一半水，渴了还有半杯水可喝。""和你们不同，我看到杯子容积是水的 2 倍。"福特说，"这里的水用一只一半大小的杯子就能盛下。用一只大杯子做一只小杯子能做到的事，是对资源的浪费，是低效率。现在生产线上的员工就像这个大杯子，有一半的潜力没发挥出来。我要做的是换个小杯子，然后我们就可以用大杯子来盛更多、更好的东西了！"

人生也是一样，如果环境给你一只大杯子，请不要只用它来装半杯水；如果你的天赋是只大杯子，请不要把它当小杯子来用。聪明人懂得充分利用自己拥有的一切。

福特的故事 4：立志

汽车大王亨利·福特曾提到，自己之所以能有如此的成就，是缘于在一家餐厅发生的一件小事。

根据亨利·福特的描述，在他还是一个修车工人的时候，有一次刚领了薪水，兴致勃勃地到一家他一直十分向往的高级餐厅吃饭。不料，年轻的亨利·福特在餐厅里呆坐了差不多 15 分钟，居然没有半个服务生过来招呼他。

最后，一个服务生看到亨利·福特独自一个人坐了那么久，才勉强走到桌边，问福特是不是要点菜。

亨利·福特连忙点头说是，只见服务生不耐烦地将菜单粗鲁地丢到他的桌上。亨利·福特刚打开菜单，看了几行，耳边传来了服务生轻蔑的话语："菜单不用看得太详细，你只适合看右边的部分（意指价格），左边的部分（意指菜色），你就不必费神去看了！"

亨利·福特惊愕地抬起头来，目光正好迎接到服务生满是不屑的表情，亨利·福特非常生气。恼怒之余，他便想点最贵的大餐。但转念之间，又想起口袋中那一点点可怜的薪水，不得已，咬了咬牙，亨利·福特只点了一个汉堡。

服务生"哼"了一声，傲慢地收回亨利·福特手中的菜单，虽然没有说话，但脸上的表情却很清楚地让亨利·福特明白："我就知道，你这穷小子，也只不过吃得起汉堡罢了！"

在服务生离去之后，亨利·福特并没有因为花钱受气而继续恼恨不休。他反倒冷静下来，仔细思考，为什么自己总是只能点自己吃得起的食物，而不能点自己真正想吃的大餐。

亨利·福特当下立志，要成为社会中顶尖的人物。从此之后，亨利·福特开始朝梦想前进，由一个平凡的修车工人，逐步成为叱咤风云的汽车大王。

同样的一件事情，发生在不同人身上会产生不同的效果。可以设想一下，如果是你去餐馆吃饭遇到福特同样的情况会怎么办？也许你会默默地离开，也许你会很委屈地吃完一个汉堡，再或者你和服务员大吵一架，然后摔门而去。可谁又想过从根本上解决问题呢？

第二章

‖

细节源于态度

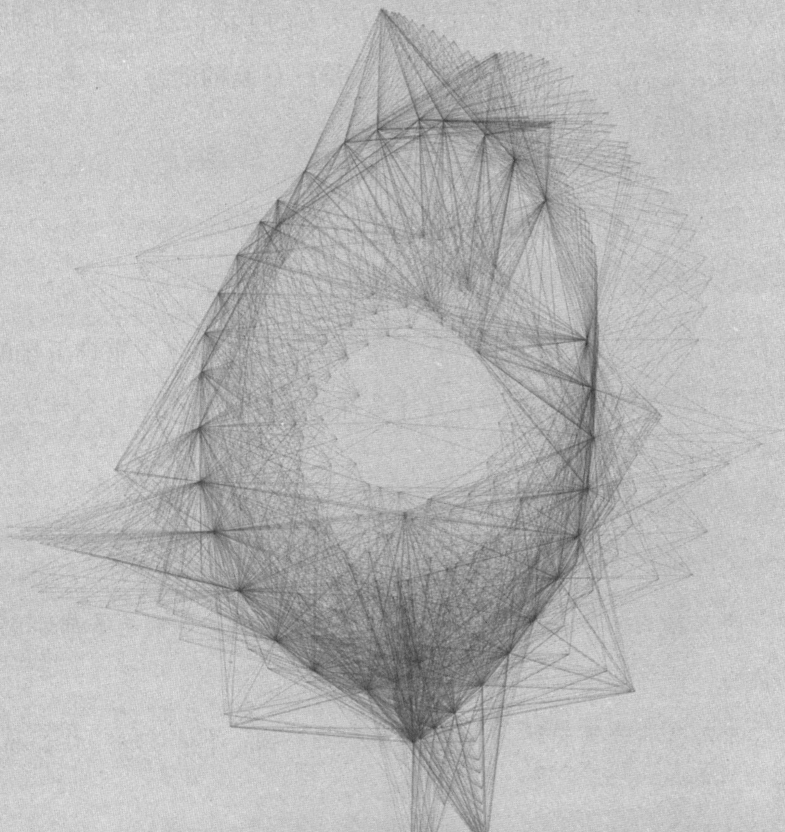

认真使人高贵

认真的人，总是会走向成功的巅峰；认真的生活，总是变得丰富多彩；认真的态度，总是让工作中的问题迎刃而解；认真的前行，才能让生命充满挑战与喜悦。

态度决定一切

态度决定一切，在工作中没有不重要的工作，只有不重视工作的人。不同的态度，成就不同的人生，有什么样的态度就会产生什么样的行为，从而决定不同的结果。

三个人在砌一堵墙，有人过来问他们：“你们在干什么？”

第一个人抬头苦笑着说：“没看见吗？砌墙！我正在搬运着那些重得要命的石块呢，这可真是累人啊……”

第二个人抬头苦笑着说：“我们在盖一栋高楼。不过这份工作可真是不轻松啊……”

第三个人满面笑容开心地说：“我们正在建设一座新城市。我们现在所盖的这幢大楼未来将成为城市的标致性建筑之一啊！想想能够参与这样一个工程，真是令人兴奋。”

十年后，第一个人依然在砌墙；第二个人坐在办公室里画图纸——他成了工程师；第三个人，是前两个人的老板。

可见，一个人的工作态度折射出其人生态度，而人生态度决定一个人一生的成就。把细节做到极致首先需要的就是认真的态度。

认真是一种可怕的力量

凡事就怕认真，认真可以让一个民族赢得尊重与敬仰。国学大师季羡林在回忆录《留德十年》里讲过这样一个故事。

1944 年冬，盟军完成了对德国的铁壁合围，法西斯第三帝国覆亡在即。整个德国笼罩在一片末日的氛围里，经济崩溃、物资奇缺，老百姓的生活陷入严重困境。对普通平民来说，食品短缺就已经是人命关天的事。更糟糕的是，由于德国地处欧洲中部，冬季非常寒冷，家里如果没有足够的燃料的话，根本无法挨过漫长的冬天。在这种情况下，各地政府只得允许老百姓上山砍树。

你能想到帝国崩溃前夕的德国人是如何砍树的吗？在生命受到威胁时，人们非但没有去哄抢，而是先由政府部门的林业人员在林海雪原里拉网式地搜索，找到老弱病残的劣质树木，做上记号，再告诫民众如果砍伐没有做记号的树，将要受到处罚。在一些人看来，这样的规定简直就是个笑话：国家都快要灭亡了，谁来执行处罚？当时的德国，由于希特勒垂死挣扎，几乎将所有的公务人员都抽调到前线去了，看不到警察，更见不到法官，整个国家简直就是处于无政府状态。但不可思议的是，直到第二次世界大战彻底结束，全德国竟然没有发生过一起居民违章砍伐无记号树木的事，每一个德国人都执行了这个没有任何强制约束力的规定。

季羡林当时在德国留学，目睹了这一幕。时隔多年，季羡林仍对此事记忆犹新，感叹不已，说德国人“具备了无政府的条件，却没有无政府的现象”。是一种什么样的力量使得德国人在如此极端糟糕的情况下，仍表现出一般人难以想象的自律？答案只有两个字：认真——深入每个人骨髓中，融入每个人血液里的认真。有了这两个字，德意志民族在20世纪两次毁灭性的世界大战之后，又奇迹般地迅速崛起。

如果说强大的德意志民族是一个可怕的民族，那么，认真也是一种可怕的力量，大能使一个国家强盛，小能使一个人无往而不胜。一旦将“认真”二字像德国人那样深入自己的骨髓，融入自己的血液，你也会拥有一种令所有人、包括自己都害怕的力量。

不认真的力量同样可怕

2008年9月15日上午10点，拥有158年历史的美国第四大投资银行——雷曼兄弟公司向法院申请破产保护，消息瞬间传遍世界的各个角落。匪夷所思的是，在如此明朗的情况下，德国国家发展银行10点10分，居然按照外汇掉期协议的交易，通过计算机自动付款系统，向雷曼兄弟公司即将冻结的银行账户转入了3亿欧元。

仅仅10分钟，3亿欧元“飞了”，这绝不是偶然，而是必然。正如德国经济评论家哈恩说，在这家银行上至董事长，下到操作员，没有一个人是愚蠢的，可悲的是，几乎在同一时间，每个人都“开了点小差”，结果加在一起就创造出了德国“最愚蠢的银行”。

这个故事令人痛心，发人深省，让人深刻领悟到认真的重要性和认真的必要性。这出悲剧告诉人们：“不认真”可以轻易摧毁一个强大的企业，可以使事业和理想毁于一旦。

人不努力，皇帝也帮不上

相传宋仁宗有一次在宫里散步时，忽然听到有争吵的声音，他停下来仔细一听，原来是自己的两名侍卫在聊天。侍卫甲认为，人的命运不是命中注定的，只要努力就可以改变；侍卫乙认为，他们都是伺候皇帝的人，命运自然是由皇帝决定的。两人谁也说服不了对方，所以争吵不休。

宋仁宗听了感觉十分有趣，忽然想起来，侍卫队队长职位还空缺着。于是，宋仁宗悄悄回到自己的寝宫，在两张纸条上写下相同的一句话："谁先到达你那里，就让他成为侍卫队长。"随后，宋仁宗将纸条分别装到密封的小金盒里，派人叫来侍卫乙，让他带着这个小金盒送到负责皇宫内务的一名主管那里。侍卫乙离开之后，宋仁宗估计他差不多已经走到半路时，又叫来侍卫甲，同样给他一只小金盒，也让侍卫甲送到那名主管那里。

不久，主管传回消息说，按照皇帝的旨意，已经推荐侍卫甲成为队长。宋仁宗特意安排了侍卫乙先去，让侍卫甲落在后面，为什么结果却是这样呢？原来，在侍卫乙和侍卫甲离开之后，宋仁宗又安排了两名侍卫，分别在半路上拦住他们。侍卫乙遇到可以聊天的人很开心，从晚上做了什么梦到中午吃了什么饭，聊得不亦乐乎；侍卫甲却一心惦记着要完成自己的任务，只是匆匆打了声招呼就继续往前走，直接把小金盒送到了主管那里。

仅仅因为抢先了几步，侍卫甲就得到了一个改变自己命运的好机会。人如果自己不努力，就连皇帝也帮不上。正应验了我们经常说的那句话：机会是留给有准备的人。

认真才能把细节做到极致

金立集团董事长刘立荣和他的大学同窗李盛原本是最要好的朋友，也是同闯广东、同住一间宿舍、没钱时一同挨饿的患难兄弟。然而，10多年过去，这两个兴趣相投、爱好相近的患难兄弟，命运却发生了天翻地覆的变化，一个是身家过10亿的集团总裁，一个依然是月薪5000元的小职员。为什么会有这样的差距呢？

刘立荣和李盛毕业后不久，都辞了工作，到深圳去淘金。同去一家公司面试，出门前，李盛不慎碰翻水杯，将两人的简历浸湿了。他们将简历放在电风扇前吹干之后，李盛把简历和其他一些东西放进了包里，就连连催刘立荣快走。可刘立荣却将简历夹进一本书里，又认真地压平整，才双手将书捧在胸前出门。

到了公司的招聘现场，负责招聘的副总对他俩良好的专业知识很满意。然而，当他们递上简历时，李盛的简历不仅有一片水渍，且放在包里一揉，加上钥匙的划痕，已经不成样子了。那位副总不由皱了皱眉头。下午，刘立荣被通知去面试，并且应聘成功。没得到面试机会的李盛急得快哭了，刘立荣便和他一起去询问情况。

负责招聘的副总反问李盛："你连自己的简历都没能力保管好，我怎能相信你工作上的能力？"一旁的刘立荣立即说："他是我同学，专业知识比我过硬，既然你相信我，也应该相信他……"李盛这才得到了面试的机会。好在面试时表现不错，李盛最终也和刘立荣一样被小霸王公司聘为技术员。

后来，刘立荣职位层层高升，并创立了金立通信有限公司。而李盛却因自己所属部门生产的模具出现问题给公司带来损失而被降职，成为普通技术员，后来又跳槽到其他公司，依然只是一个技术员。

一心渴望成功、追求成功，成功却了无踪影；
甘于平淡，认真做好每一个细节，成功却不期而至

李盛在后来接受采访时也反省道："以前，我总觉得刘立荣职务扶摇直上，事业飞黄腾达，是一种偶然和幸运；现在才明白，他是因凡事注意细节，才能不断进步。细节决定命运啊！"

同时，认真的态度也体现了一种品格和操守。

一个中国人在日本开车，不小心撞倒了一个闯红灯的日本老太太，于是他赶紧报警。警察来了之后让人送老太太去医院，并一边听他陈述经过，一边仔细察看了刹车线。中国人人在异乡，人生地不熟，非常担心警察是否会秉公办理。这时旁边走来两位大学生，对警察说她们目睹老太太闯红灯，愿意为这个人作证。随后警察对他进行了一番教育，认定他没有责任，却让他出于道义去医院看看老太太。

于是中国人买了糕点去医院看望老太太，只过了一会儿，便有一帮家属朝他奔来。他深感大事不妙，想要转身逃跑，不料家属们却对他一边鞠躬一边说："真对不起，给您添麻烦了。"中国人眼睛湿润，什么话也说不出来，只是一个劲地给他们鞠躬……

纵观整个事件，令主人公意外的有三点：一是想不到二位大学生能为他作证；二是日本警察在处理这起交通事故中没有故意偏袒；三是老太太的家属不但不怪他撞了人，反而为带给他麻烦而致歉。

之所以有这样令人惊喜的结果，我想无非是因为"认真"这二字的因素吧。女大学生认真表达了眼睛所看到的事实，警察认真执行了办案的法则，家属则认真恪守了做人的良知。

干一行爱一行

石油大王洛克菲勒说："如果你视工作是一种乐趣，人生就是天堂。如果你视工作是一种义务，人生就是地狱。"我们从事的工作是单调乏味，还是充实有趣，往往取决于我们对待工作的心境。因此，只有热爱自己的工作才能把工作做到最好。

编草帽的老人

有个年过半百的老人，坐在一棵参天大树下悠闲地编织着草帽，织好的草帽他会依次放在面前排好，以供游客们选购。老人编织的草帽十分精致，并且颜色搭配得极其巧妙，可谓是巧夺天工。一个商人路过，看到老人编织的草帽，心想：这样精美的草帽如果运到外地去，一定能卖个好价钱。

商人心里盘算着，不由激动地问老人："老人家，这个草帽多少钱一顶呀。"

"十块钱一顶。"老人冲商人微笑了一下，继续编织着草帽，他那种闲适的神态，真的让人感觉他不是在工作，而是在享受一种美妙的生活。

商人心想：这要是拿 10 万顶草帽到外地去销售，不就发大财了么。于是商人又对老人说："假如我在您这里定做 1 万顶草帽的话，您每顶草帽会给我多少钱的优惠呢？"

商人本来以为老人一定会高兴万分，可没想到老人却皱着眉头说："这样的话啊，那就要 20 元一顶了。"

每顶 20 元，这是商人从商以来闻所未闻的事情呀。“为什么？”商人丈二和尚摸不着头脑。

老人讲出了他的道理：“在这棵大树下没有负担地编织草帽，对我来说是种享受，可如果要我编 1 万顶一模一样的草帽，我就不得不夜以继日地工作，不仅疲惫劳累，还成了精神负担。难道你不该多付我些钱吗？”

老人的话值得我们反思。我们时常抱怨工作不是自己喜欢的，找不到乐趣，觉得生活和工作没有意思。但如果没有积极健康的心态，即使你从事的是自己最喜欢的工作，估计也很难体验到工作中的乐趣，并持久地保持对工作的激情。

“三等人”

每个人大概都不止一次地抱怨过：我受够了无聊的工作，这简直是浪费生命，我要去寻找真正的生活！但是真正的生活在哪里？无所事事一味玩乐么？无所事事的时间长了，会让人心里充满灰色的、无聊的东西，那就更说不上快乐了。生活的乐趣，有很多恰恰是从工作中得到的。

有一位医生，在当了十年的执业医生之后，存了一笔钱，45 岁时宣布退休，全家移民美国，每天从事他最喜爱的两样休闲生活：打高尔夫球与钓鱼。

一年后，出乎人们意料，他又回到了原来的地方继续做执业医生。朋友们都很奇怪，这位医生诚实地说：“打高尔夫球与钓鱼持续一个月就烦了，没有工作形同坐牢，我在美国跟许多移民一样，成了‘三等人’。”

朋友们都好奇地问：“何谓‘三等人’？”这位医生苦笑说：“首先是等吃，吃完之后是等打牌，打完牌之后就是等死了。这样等了一年实在让人受不了，只好回来再开业了。”

假如你认为工作只是为了赚钱养家，那的确是贬低了工作的价值。事实上，工作不只是赚钱，更重要的意义在于，工作可以让人得到自我肯定与生活的乐趣。

买油的小和尚

一座深山的庙里，有一个小和尚被要求去买油。离开前，厨师交给他一个大碗，并严厉地警告：“你一定要小心，我们最近财务状况不是很理想，绝对不可以把油洒出来。”

小和尚答应后就下山到城里，到厨师指定的店里买油。在回庙的路上，小和尚想起厨师凶恶的表情及严厉的告诫，愈想愈觉得紧张。小和尚小心翼翼地端着装满油的大碗，一步一步地走在山路上，丝毫不敢左顾右盼。

很不幸的是，小和尚在快到庙门口时，由于没有看好路，结果踩到了一个坑。虽然没有摔跤，可是却洒掉三分之一的油。小和尚非常懊恼，而且紧张到手都开始发抖，无法把碗端稳。回到庙里时，碗中的油就只剩一半了。

厨师拿到装油的碗时，当然非常生气，他指着小和尚大骂：“你这个笨蛋！我不是说要小心吗？为什么还是浪费这么多油，真是气死我了！”

小和尚听了很难过，开始掉眼泪。一位老和尚听到了，就跑来问是怎么一回事。了解情况以后，老和尚就安抚厨师的情绪，并私下对小和尚说：“我再派你去买一次油。这次我要你在回来的途中，多观察看到的人事物，回来跟我做一个报告。”

小和尚想要拒绝这个任务，强调自己油都端不好，根本不可能既要端油，还要观察风土人情。

不过在老和尚的坚持下，小和尚只有勉强上路了。在回来的途中，小和尚发现其实山路上的风景很美。远方看得到雄伟的山峰，又有农夫在梯田上耕种。走不远，又看到一群小孩子在路边的空地上开心地玩耍，还有两位老先生在下棋。在边走边观察的情形下，不知不觉就回到了庙里。当小和尚把油交给厨师时，发现碗里的油，装得满满的，一点儿都没有损失。

与其天天在乎物质利益，不如努力在学习、工作和生活中，享受每一次的经验，并从中学习成长。一位真正懂得从生活中找到人生乐趣的人，不会觉得自己的日子充满压力及忧虑。

罗斯·金曾说："只有通过工作，才能保证精神的健康；在工作中进行思考，工作才是件快乐的事。两者密不可分。"当你在快乐中工作，精神就会愉悦，也就越来越肯定之前的选择，工作的动力也会更足。如果你开始觉得压力越来越大，情绪越绷越紧，无法从工作中找到乐趣，获得满足感，就先静下来思考一下，是工作的问题还是自己的问题。如果我们不从心理上调整自己，即使换一万份工作，也不会有所改观。

当然，不是每个人生来就对某项工作产生浓烈的兴趣，通常兴趣爱好与艰苦的工作往往也很难画上等号。任何事情都有两面性，工作也不例外。能不能从你所从事的工作中感受到乐趣，归根到底是一个心态问题。乐观的心态使你在困境中也能发现积极的一面，保持良好的状态，想办法走出困境；悲观的心态使你过分关注不尽如人意的方面，一叶障目，从而看不到工作的乐趣。兴趣可以花时间，从无到有地培养，乐趣却是需要你用一颗乐观的心，去寻找和感受的。

工作中有不如意吗？那么在抱怨之外，为什么不试试改变自己的心态呢？马洛斯告诉我们：

心若改变——你的态度跟着改变；

态度改变——你的习惯跟着改变；

习惯改变——你的性格跟着改变；

性格改变——你的人生跟着改变。

能从工作中找到乐趣，热爱工作就会变成一件容易的事。不管你从事何种工作，也不论你处于什么阶层，热爱工作都是做好工作的前提。

专注成就未来

一个人，一生能真正做好一件事，就是成功。一个企业，最重要的是要做好自己的主业，这样的企业才能成功。

专注对于一个渴望成功的人来说至关重要。即使有很好的天资，若不专注，而关心太多的事，就相当于把天赋分散，分到自己目标上的精力和心思就太少了。而即使没有优势，天资并不突出的人，若能做到专注，心无旁骛，也就能取得很好的成果。

如果你想成就一番事业，请你先专注你自己的内心。

坚守本业：再谈日本企业长寿

前边我们提到日本企业是世界最长寿的，并从细节分析了这些企业长寿的原因。但日本企业长寿还有另一大原因，即坚守本业，也就是专注。

金刚组作为全球寿命最长的企业，在漫长的历史长河中，一直以建造佛寺为主，尤其是607年建造的法隆寺是日本木造建筑的巅峰之作，与四天王寺并列成为代表日本建筑的两大历史遗产。在金刚组人眼中，无论经济繁荣还是衰退，专注于自己的核心业务永远是生存之道。

金刚组曾遭遇的最大危机便是对这一原则的背离。在日本经济高速增长期，曾出现房地产热，金刚组也未能抵御住诱惑，除了建造寺庙、庭园外，开始涉足一般的建筑行业，并在泡沫经济破灭前凭借高质量、高价格模式获利。但随着泡沫经济崩溃，房地产市场陷入低价竞争，据金刚组社长小川完二回忆，金刚组当时名下的房产很多都是建设成本达 6 亿日元，但售价最多只有 5 亿日元。资产严重缩水的金刚组顿时陷入债务缠身的窘境，资金周转恶化，2006 年不得不宣布清盘。

危难时刻，出手相援的是大阪的知名建筑公司——高松建设，高松建设会长高松孝育认为："传统悠久的东西一旦破坏就再难复原，让'大阪之宝'——金刚组崩溃将是大阪建设行业的耻辱。"在高松建设的强势支援下，金刚组总算完成重建。如今的金刚组已经重新回到原点，回到金刚家族家训中的名句——"莫贪图赚太多钱"，心无旁骛地专注于寺庙建设等核心业务。

与之相似的还有日本知名的面包店——中村屋。创办于 1901 年的中村屋在日本几乎无人不晓，其创始人相马爱藏的经营理念就是"将来不管遇到什么事，都绝不插手大米期货市场和股票市场"。这样的理念也是代代相传，让中村屋在泡沫经济时期都没有像其他同行一样趁机急速扩张店铺，从而避免了泡沫经济破灭后的负债，当然更没有涉足股市去通过炒股获取暴利。

可以说，日本长寿企业的经验或教训，尤其是在泡沫经济时期的所作所为无一不让人深思、给人以启发。在世事喧嚣之下，在他人四处出击、五心不定的时候，专注是多么难得的品质。专注，也许会失去某些潜在机会，但同样可能规避某些不确定风险，专注的反面是浮躁，唯宁静方能致远。

专注与细节

对于一个企业来说，坚守本业特别重要，而对于个人来说更需要专注的精神。专注就是全身心地投入，心里只装着一件事。专注的力量很大，它能把一个人的潜力发挥到极致，所有的精力集中到一点。而事情的改变恰恰是从这一件事情或一个点上开始。

一位久负盛誉的推销大师在告别职业生涯之际，应多人要求，公开讲了一下自己一生取得多项成就的奥秘。

会场座无虚席，奇怪的是在前方的舞台上吊了一个大铁球。观众们都莫名其妙。这时，两位工作人员抬了一个大铁锤，放在大师的面前。大师请身强力壮的年轻人上来，让他用这个大铁锤去敲打那个吊着的铁球，让铁球荡起来。

年轻人抡起大锤，全力向那吊着的铁球砸去，可是吊球却动也没动。

这时，大师从口袋里掏出一个小锤，对着铁球敲了一下，然后停顿一下再敲一下。人们奇怪地看着，大师就这样持续地做着同样的动作。

10 分钟过去了，20 分钟过去了，会场开始骚动。大师仍然不理不睬，继续敲着。40 分钟的时候，坐在前面的人突然尖叫一声："球动了！"霎时间会场鸦雀无声，人们聚精会神地看着那个铁球。铁球以很小的摆幅动了起来，不仔细看很难察觉。铁球在大师一锤一锤的敲打中越荡越高，场上爆发出一阵阵热烈的掌声。在掌声中，大师转过身来，慢慢地把那把小锤揣进兜里。

大师用小锤就可以敲动的球却不能被年轻人敲动，是因为大师的专注和坚持不懈。想要有所成就，就必须有专注的精神和坚持的毅力。

专注一点，努力一点，用心一点，多做一点

一个朋友，高中 3 年每个冬天穿的都是同一件淡黄色棉衣。学习很刻苦，高考成绩不错，去了一所一本院校学习意大利语。毕业后成为同学圈

子里最早结婚的人，在美国工作，定居，丈夫是剑桥博士。

让我印象比较深刻的是她本科毕业时说的那一番话："现在回望过去的4年，我敢拍着胸脯说问心无愧，这4年里的每一天我都没有虚度，每一天都很努力，每一天都在成长，每一天都有收获，每一天都在进步！"有朋友说她运气好遇到了好机会，但这只是懒人的借口。如果没有之前超乎常人的勤奋和坚韧作准备，即便遇到再好的机会也无力把握。

在当今社会想要取得一点成绩，其实并没有想象中那么难。只要我们专注一点、努力一点、用心一点、多学一点、多做一点，就能走到很多人的前面。

同样25岁，为什么有的人事业小成、家庭幸福，有的人却还在一无所有的起点上？机会是留给那些有准备有计划的人的！

吾日三省吾身

《论语》有言："学而不思则罔，思而不学则殆。""吾日三省吾身。"足见善于思考对一个人成长的重要性。《论语》更多强调的是修身问题，但很多东西都是相通的，不管是在学习、工作，还是生活中，要想于细微处发现机会并实现突破，反思精神是必不可少的。

不思考脑袋会生锈

有一天，一个老人带着他的孙子和驴子，从乡下到城里去。老人让孙子骑着驴子，自己走路。经过的路人看了指指点点。老人听到有人指责小孩不懂得孝顺老人家。他和孙子商量后，决定自己骑驴子，让孙子走路，以免人家说闲话。

走了不久，又有一群人对他们指指点点。这一次，他们认为老人竟然自己享福，让小孩受罪。老人和孙子左右为难，他们于是决定一起走路，不再骑驴。

但是走了不久，还是有人对他们指指点点。那些路人笑这对祖孙傻，有驴也不骑。老人和孙子觉得人家说得也对，于是决定一起骑驴。祖孙两人骑着驴子走了一段路后，发觉路过的人纷纷摇头。路人认为老人和孙子真残忍，竟然两人共骑一只弱小的驴子，让驴子负荷过重。

老人和孙子觉得路人说得也对，但是既然先前所做的都不对，不如索性扛着驴子走吧！于是祖孙两人扛着驴子走。

“头脑不用也会生锈，经常思考才会反应敏捷。”伟大的发明家爱迪生如是说。而这个故事也恰恰告诉我们应该做一个善于思考的人！否则，人云亦云，可能连自己都迷失掉！

洗澡水与地球自转

有一句著名的格言：“真理诞生于一百个问号之后。”纵观人类千百年来的科学技术发展史，很多定理、定律、学说的发现都是从一些细小、司空见惯的自然现象中产生的。但所有发现的前提是脑子里面有问号。

拿洗澡来说，洗完澡，把浴缸的塞子一拔，水哗哗地流走，这是一件非常普通的事情。然而，美国麻省理工学院机械工程系的系主任谢皮罗教授，却敏锐地注意到：每次放掉洗澡水时，水的漩涡总是向左旋的，也就是逆时针的！

这是为什么呢？谢皮罗紧紧抓住这个问号不放。他设计了一个碟形容器，里面灌满水，每当拔掉碟底的塞子，碟里的水也总是形成逆时针旋转的漩涡。这证明放洗澡水时漩涡朝左并非偶然，而是一种有规律的现象。

1962年，谢皮罗发表了论文，认为这漩涡与地球自转有关。如果地球停止自转的话，拔掉澡盆的塞子，不会产生漩涡。由于地球不停地自西向东旋转，而美国处于北半球，漩涡便朝逆时针方向旋转。

谢皮罗认为，北半球的台风都是逆时针方向旋转，其道理与洗澡水的漩涡是一样的。他断言，在南半球则恰好相反，洗澡水将按顺时针方向形成漩涡；在赤道，则不会形成漩涡！

谢皮罗的论文发表之后，引起各国科学家的莫大兴趣，纷纷在各地进行实验，结果证明谢皮罗的论断完全正确。

谢皮罗教授从洗澡水的漩涡，联想到地球的自转问题，再联想到台风的方向问题，并做出了合乎逻辑的推理，这正是他目光敏锐、善于思索的体现。

蚯蚓与大陆漂移说

提起大陆漂移说，人们首先会想到魏格纳，以及他在病床上看地图的事情。1910年的一天，年轻的德国气象学家魏格纳身体欠佳，躺在病床上。百无聊赖中，他的目光落在墙上的一幅世界地图上。魏格纳意外地发现，大西洋两岸的轮廓竟是如此相对应，特别是巴西东端的直角突出部分，与非洲西岸凹入大陆的几内亚湾非常吻合。自此往南，巴西海岸每一个突出部分，恰好对应非洲西岸同样形状的海湾；相反，巴西海岸每一个海湾，在非洲西岸就有一个突出部分与之对应。这难道是偶然的巧合？

这位年轻的气象学家脑海里突然闪过一个念头：非洲大陆与南美洲大陆是不是曾经贴合在一起？也就是说，从前它们之间没有大西洋，是由于地球自转的分力使原始大陆分裂、漂移，才形成如今的海陆分布情况的？由此魏格纳开始搜集证据，最终提出了大陆漂移说。而魏格纳在论证自己的理论时，小小的蚯蚓也帮了不少忙。

原来一位名叫密卡尔逊的生物学家，调查了蚯蚓在地球上的分布情况，他指出，美国东海岸有一种蚯蚓，而欧洲西海岸同纬度地区也有此蚯蚓，但美国西海岸却没有这种蚯蚓。密卡尔逊无法解释其中的原因。

密卡尔逊的论文，引起了魏格纳的注意。当时，魏格纳正在研究大陆和海洋的起源问题。魏格纳认为，小小的蚯蚓，活动能力很有限，无法跨越大洋，它的这种分布情况正是说明欧洲大陆与美洲大陆本来是连在一起的，后来分开了，分为两个洲。魏格纳把蚯蚓的地理分布作为例证之一，写进了他的名著《大陆和海洋的起源》一书。

洗澡水的漩涡和蚯蚓的分布，这些都是很平常的事情。然而，善于“打破砂锅问到底”的人，却从中有所发现、有所发明。同样，日常生活中很多机会、真理离你并不遥远，常常就在你的身边，就看你有没有一双敏锐的眼睛，有没有一个善于思考的大脑。

或许有的人会问：我不会思考，也不喜欢思考，怎么办呢？不妨从以下几个方面加强锻炼。

首先，要有充分的自信心。因为只有自己相信自己，别人才会对你有信心！

其次，要争取机会表达自己的想法。在日常的生活中，要注意培养自己的见解、想法，大胆地将自己的想法表达出来。

还有，要培养表达的技巧。与别人交谈时，注意眼神的交流，这会让你慢慢不那么胆怯，在别人眼里显得更有自信。另外，讲话时少用那些拖泥带水的词，例如：也许、可能、会不会、如果、听说等；多用那些有魄力的词，例如：我认为、我希望、我要求等。

最后，要敢于质疑。工作中，和同事有不同的见解，要敢于质疑。敢于质疑，说明你的思考已经达到了一个新的高度！

从今天起，做一个善于思考的人！因为，只有善于思考的人，才能达到自己预期的目标，也才会逐步地开拓自己的眼界，拓展自己的思维，才会更快地取得成功！可以这么说，善于思考的人不一定能取得成功，但成功的人一定是善于思考的人！

用心才能看得见

看不到细节，或者不注重细节的人，对工作会缺乏认真的态度，对事情敷衍了事。这种人无法把工作当作一种乐趣，在工作中缺乏工作热情，那么成功对于他们来说就是纸上谈兵。而考虑细节、注重细节的人，不仅认真对待工作，将小事做细，而且注重在做事的细节中找到机会，从而使自己走上成功之路。

乔·吉拉德的生日鲜花

做销售的人应该都知道乔·吉拉德，他被认为是“世界上最伟大的推销员”。那么，乔·吉拉德是如何成功的呢？乔·吉拉德认为，做销售人品很重要。一个成功的汽车销售商，必定有一颗尊重普通人的爱心。乔·吉拉德的爱心体现在每一个细小的行为中。

有一天，一位中午妇女从对面的福特汽车销售商行，走进了乔·吉拉德的汽车展销室说自己很想买一辆白色的福特车，就像她表姐开的那辆，

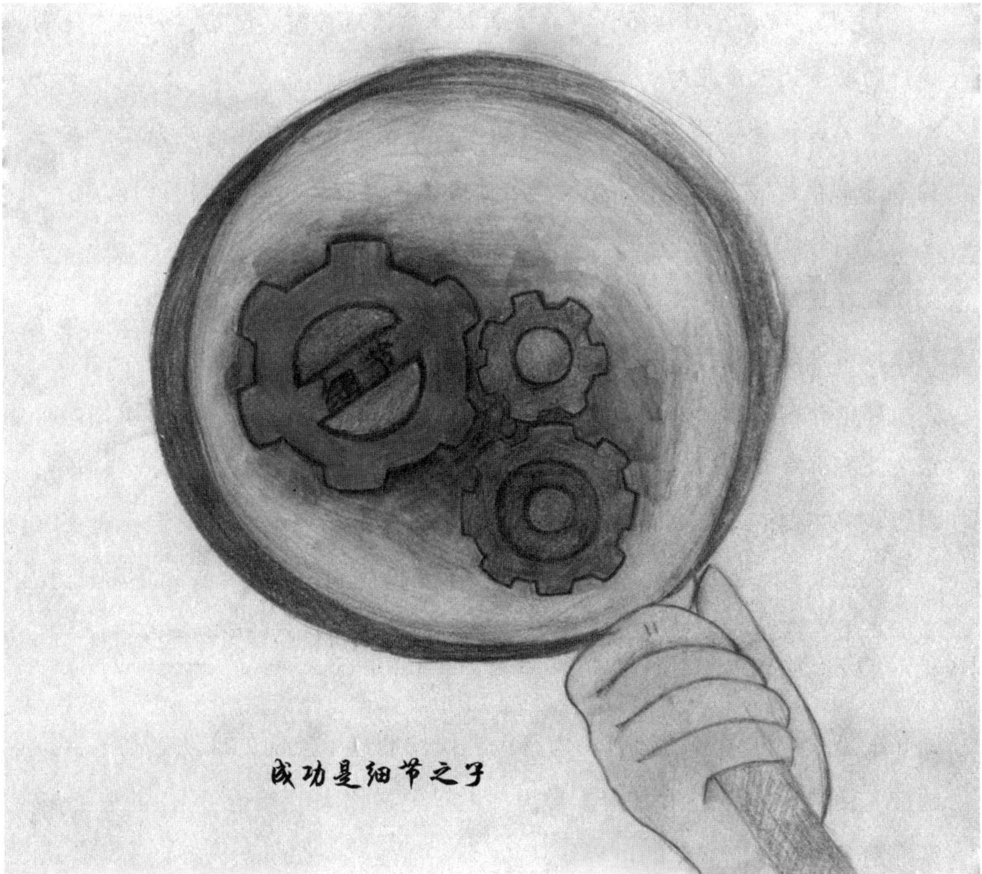
成功是细节之子

但是福特车行的经销商让她过一个小时之后再去，所以先过这儿来瞧一瞧。

“夫人，欢迎您来看我的车。”乔·吉拉德微笑着说。

夫人兴奋地告诉他：“今天是我55岁的生日，想买一辆白色的福特车送给自己作生日礼物。”

“夫人，祝您生日快乐！”乔·吉拉德热情地祝贺。随后，他轻声地向身边的助手交代了几句。

乔·吉拉德领着夫人从一辆辆新车面前慢慢走过，边看边介绍。在一辆雪佛莱车前时，他说：“夫人，您对白色情有独钟，瞧这辆双门式轿车，也是白色的。”

就在这时，助手走了进来，把一束玫瑰花交给了乔·吉拉德。乔·吉拉德把这束漂亮的花送给这位夫人，再次对她的生日表示祝贺。

那位夫人感动得热泪盈眶，非常激动地说：“先生，太感谢您了，已经很久没有人给我送过礼物。刚才那位福特车的推销员看到我开着一辆旧车，以为我买不起新车，所以在我提出要看一看车时，他就推辞说需要出去收一笔钱，我只好上您这儿来等他。现在想一想，不一定非要买福特车。”

后来，这位妇女就在乔·吉拉德那儿买了一辆白色的雪佛莱轿车。

正是这许许多多的细节，为乔·吉拉德创造了空前的成功，乔·吉拉德被《吉尼斯世界纪录大全》誉为“世界上最伟大的推销员”，创造了12年推销13000多辆汽车的世界纪录。

往返都能让客人看见富士山

东京一家贸易公司有一位员工专门负责为客商购买车票。该员工常给德国一家大公司的商务经理购买来往于东京和大阪之间的火车票。不久，这位经理发现一件趣事，每次去大阪时，座位总在右窗口，返回东京时又总在左窗边。经理询问该员工其中的缘故，该员工回答：“车去大阪时，富士山在您右边；返回东京时，富士山已到了您的左边。很多人都喜欢富士山的壮丽景色，所以我替您买了不同的车票。”就是这种不起眼的细节，使这位德国经理十分感动，促使他把对这家日本公司的贸易额由400万美元提高到1200万美元。他认为，在这样一个微不足道的小事上，这家公司的职员都能够想得这么周到，那么，跟他们做生意还有什么不放心的呢！

细节既能创造正效益，也会产生负效益。

一次，国内一位旅客乘坐某航空公司由济南飞往北京的航班，要了两杯水后又请求再来一杯，还歉意地说实在口渴，服务人员的回答让该旅客大失所望：“我们飞的是短途，储备的水不足，剩下的还要留着飞上海用。”在遭遇了这一“细节”之后，那位旅客决定今后不再乘坐这家公司的飞机。

每一条跑道上都挤满了参赛选手，每一个行业都挤满了竞争对手。如果你细节做得不好，就有可能把顾客推到竞争对手的怀抱中。任何对细节的忽视，都会影响事业的成功。

倒茶水的老人

世界上最难遵循的规则是度，度源于素养，而素养则来自于日常生活一点一滴细节的积累。这种积累是一种功夫，用心方能看得见。

某著名大公司招聘职业经理人，应者云集，其中不乏高学历、多证书、有相关工作经验的人。经过初试、笔试等四轮淘汰后，只剩下6个应聘者，但公司最终只选择一人作为经理。所以，第五轮将由老板亲自面试。看来，接下来的角逐会更加激烈。

可是当面试开始时，主考官却发现考场上多出了一个人，出现7个考生，于是就问："有不是来参加面试的人吗？"这时，坐在最后面的一个男子站起身说："先生，我第一轮就被淘汰了，但我想参加一下面试。"

人们听到他这么讲，都笑了，就连站在门口为人们倒水的那个老头也忍俊不禁。主考官也不以为然地问："你连考试第一关都过不了，又有什么必要来参加这次面试呢？"这位男子说："因为我掌握了别人没有的财富，我自己本人即是一大财富。"大家又一次哈哈大笑了，都认为这个人不是头脑有问题，就是狂妄自大。这个男子说："我虽然只是本科毕业，只有中级职称，可是我却有10年的工作经验，曾在12家公司任过职……"这时主考官马上插话说："虽然你的学历和职称都不高，但是工作10年倒是很不错，不过你却先后跳槽12家公司，这可不是一种令人欣赏的行为。"

男子说："先生，我没有跳槽，而是那12家公司先后倒闭了。"在场的人第三次笑了。一个考生说："你真是一个地地道道的失败者！"男子也笑了："不，这不是我的失败，而是那些公司的失败。这些失败积累成我自己的财富。"

这时，站在门口的老人走上前，给主考官倒茶。男子继续说："我很了解那12家公司，我曾与同事努力挽救，虽然不成功，但我知道错误与失败的每一个细节，并从中学到了许多东西，这是其他人所没有的。很多人只是追求成功，而我，更有经验避免错误与失败！"

男子停顿了一会儿，接着说："我深知，成功的经验大抵相似，容易模仿；而失败的原因各有不同。用10年学习成功经验，不如用同样的时间经历错误与失败，所学的东西更多、更深刻；别人的成功经历很难成为我们的财富，但别人的失败过程却是我们的财富！"

男子离开座位，转身就要出门，又忽然回过头："这10年的经历，培养、锻炼了我对人、对事、对未来的敏锐洞察力。举个小例子吧，今天真正的考官，不是您，而是这位倒茶的老人……"

在场所有人都感到惊愕，目光转而注视着倒茶的老人。那老人诧异之际，很快镇定下来，笑着说："很好！你被录取了，因为我想知道——你是如何知道这一切的？”老人的言语表明他确实是这家大公司的老板。这次轮到这位考生笑了。

世事洞明皆学问，人情练达即文章。这个考生能够从倒茶水老人的眼神、气度、举止等，看出他是这家企业的老板，说明该考生是一个观察力很强的人。这种洞烛入微的功夫不是一朝一夕能够练就的，而需要长期的积累，在对一个细节的观察中不断地训练和提高。成功者的共同特点，就是能做小事情，能够抓住生活中的一些细节。不管什么事，实际上都是由一些细节组成的。

冈田的见微知著

工作是否单调乏味，往往取决于我们工作时的心境。每一件事都值得我们去做，而且应该用心去做，因为只有用心才能见微知著。

成功者的共同特点，就是能够抓住每一个小细节。发生在日本一家轿车公司的故事，向我们证明了用心才能做到见微知著。

飞机像一只滑翔的大鸟降落在东京国际机场，一家知名汽车生产公司的总工程师约翰先生踌躇满志地走下舷梯，他此行肩负重任。随着汽车业的日臻成熟，约翰所在的公司扩大了与日本一家高档轿车公司的合作。他此行的目的，就是与日方谈判，为他们提供轿车及附件。如果谈得顺利，公司将获得巨大的经济效益。

约翰只有40多岁，却已是知名的汽车专家，日方显得非常慎重，派出年轻有为、处事谨慎的副总裁兼技术部课长冈田先生前来迎接。豪华气派的迎宾车就停在机场的大厅外。约翰办完通关手续，走出大厅，来到举着欢迎他的小牌子的人面前，与冈田一行见面。宾主寒暄几句后，冈田亲自为约翰打开车门，请他入座。

约翰刚一落座，便随手“砰”地关上车门，声音特别响，冈田甚至看见整个车身都微微颤了一下。冈田不禁愣了一下：“是旅途的劳累使约翰先生情绪不佳，还是繁复的通关手续让他心烦？他可是公司的贵客，得更加小心周到地接待才行。”

一路上，冈田一行显得十分热情友好，甚至到了殷勤的程度。迎宾车停在公司大厦前的停车坪里，冈田快速下车，小跑着绕过车后，要为约翰开车门。但约翰却已打开车门下车，又随手“砰”地关上车门。这一次，比上车时关得还要响，冈田又愣了一下。

日方安排的洽谈前的考察十分紧凑，公司董事长兼总裁渡边先生还亲自接见，令约翰非常满意。会谈安排在第三天。在接下来的两天里，冈田极尽地主之谊，全程陪同约翰游览东京的名胜古迹和繁华街景，参观公司的生产基地。约翰显得兴致极高，但回到下榻酒店时，他关上车门时又是重重地“砰”的一下。

冈田不禁皱了一下眉，沉思了片刻，终于一边向约翰鞠躬，一边小心地问道：“约翰先生，我们的安排没什么不妥吧？接待有什么不周吗？如果有，还望先生海涵。”约翰显然没什么不满意的：“冈田先生把什么都考虑得非常周到细致，谢谢。”说这话时，约翰是满脸的真诚，冈田却显得若有所思……

第三天，接约翰的车停在公司大楼前，约翰下车后，又是一个重重的“砰”。冈田暗暗地咬了咬牙，暗中向手下的人吩咐几句后，丢下约翰，径直向董事长办公室走去。约翰感到有些莫名其妙，冈田的手下客气地将约翰请到了休息室，说：“冈田课长说是有紧急事要与董事长商谈，请约翰先生稍等片刻。”

董事长办公室里，冈田语气严肃地对渡边说：“董事长先生，我建议取消与这家公司的合作！至少应该推迟。”

渡边不解地问：“为什么？约定的谈判时间就要到了，这样随意取消，没有诚信吧？再说，我们也没有推迟或取消谈判的理由啊。”冈田坚决地说：“我对这家公司缺乏信心，看来我们公司前不久对该公司的考察走了过场。”渡边是非常赏识这个精干务实的年轻人的，听他这么说，便问：“何以见得？”

冈田说：“这几天我一直陪着约翰总工程师。我发现他多次重重地关上车门，刚开始我还以为是他在发什么脾气，后来发现，这是他的习惯，这说明他关车门一向如此。约翰先生是这家知名汽车公司的高层人员，平时坐的一定是他们公司生产的好车。他重重关上车门习惯的养成，是因为他们生产的轿车车门用一段时间后就不容易关牢，容易出现质量问题。好车尚且如此，一般的车辆就可想而知了。我们把轿车和附件给他们生产，成本或许会降低不少，但这不等于在砸我们自己的牌子吗？请董事长三思。”

一个关车门的动作，可谓微不足道，相信不管是在生活中还是工作中，都没有人会注意，但恰恰是这种别人眼里的微不足道的小事，被冈田抓到了，并通过进一步的细致分析，揭示了这一习惯性动作背后可能隐藏的深层问题，从而帮助公司避免了可能遭受的重大损失。

作为员工，我们应当把冈田当作榜样，切实做到用心做事，不放过工作中的每一个细节，并能主动地看透细节背后可能潜在的问题。只有用心，我们才能抓住细节，才能做到见微知著。

案例分析——褚时健与“褚橙”

褚时健，曾经的“烟草大王”，效力红塔18年，缔造了红塔帝国，为国家创造利税高达991亿元，解决了无数人的吃饭问题。1999年，褚时健被处无期徒刑、剥夺政治权利终身，后减刑为有期徒刑 17 年。2002 年，保外就医后，与妻子承包荒山开始种橙。75 岁第二次创业，85 岁嫁接电商渠道进北京、到成都，10 年种橙，10 年苦心经营，“褚橙”风靡全国，褚时健也实现了“烟王”到“果王”的华丽转身。王石用巴顿将军的语录评价褚时健：“衡量一个人的成功标志，不是看他登到顶峰的高度，而是看他跌到低谷的反弹力。”

褚橙有多火?

褚橙，因其种植者是 85 岁高龄的昔日褚时健而得名。在古稀之年，褚时健重新开始创业，用 10 年的时间种橙。10 年的苦心经营，2012 年 11 月 5 日，褚橙从云南来到北京，5 天时间，20 吨褚橙一售而空。

同样的时间，褚橙从云南去到成都，通过有机网进行预订，两天时间，第一批 4000 箱褚橙被订购一空。负责将褚橙从云南引到成都市场的成都我爱有机农业有限公司负责人急得如热锅上的蚂蚁，刚开始销售，就缺货了。根据《商业周刊》的描述，负责销售褚橙的网站上的其他商品，水果、柴鸡蛋、有机牛奶、新鲜猪肉等的销售也因褚橙被带动，网站订单量达到以往的三四倍。

褚橙引发的创业励志潮

看到近 85 岁的褚时健的二次创业故事，王石、潘石屹、梁冬、杨锦麟等一些知名人士纷纷感慨，“品褚橙，任平生”成为贴在“褚橙”上的励志标签。

“读了褚时健的故事，就想吃一吃褚橙，去品尝他励志的故事！”自从有机网 2012 年联合《成都商报》买够网开卖褚橙的消息在成都市民中传开后，团购一下子就火爆了起来，大部分都是企业和单位的订单，一次性四五百箱地买。

《成都商报》为了鼓励成都创业者，甚至拿出橙子，特别赠送给辛苦的创业者们。

2013 年 11 月 14 日一大早，成都。“我又来了，现在褚橙有货没？”上周刚买走 100 箱褚橙的一家保健公司老总成先生，又急匆匆地亲自开车赶到买够网的办公室。上次他一来就要 500 箱，但因为褚橙销售太火爆而存货不足，只好先拿了 100 箱。

“一搬回去就在公司传开了，在全体员工的强烈要求下，那 100 箱全当作上月完成业绩指标的优秀员工奖励发了，当时还开了个座谈会，讨论了褚时健创业卖褚橙的故事，大家都觉得他的故事特别励志，用褚橙来激励人，就会让人充满了奋斗的干劲。”

有机网的客服还接到了不少企业打来电话，询问有机网所售的褚橙可以保鲜多久，原来他们是想用褚橙当作年终发给员工的福利。

一家酒楼的负责人朱小姐说：“现在国家提倡勤俭节约，我们并不想买太贵的福利品，而褚橙不但价格合适，而且还有强烈的励志寓意，特别适合发给辛苦了一年的员工作为鼓励。”

褚橙为什么这么火?

同样是橙子，为什么褚橙可以秒杀同行？这源于褚时健打造产品永不止步的工匠精神，即对细节的关注。

在万科 TV《对话匠人褚时健》中褚时健说：“首先就是质量，不管搞哪样产品，不管是农业的、工业的，我都认为产品要过硬！产品过不过硬，光凭质检合格那还不行，要让大家亲自品尝，大家觉得口感好才算真的好。”

褚橙味道奇好，之所以有这样好的口感，首先是褚时健为它选择了合适的生长地。在云南玉溪哀牢山中，2400多亩橙园蔚为壮观。周围5千米内无村庄、方圆20千米内无工矿企业，生长环境无污染。这里的年平均温度23℃，年日照时间多达2000多小时，拥有最适合柑橘类植物生长的土壤和温度环境。这里的水环境同样一流。水好，果才好。十年时间，褚时健投入1400多万元，修筑水利设施，果园用水引自哀牢山国家森林公园石缝中流出的山泉水，水质比一些矿泉水还要好。

其次，褚橙实行严格的品质检测制度。根据果子的直径大小、外形、色泽、口感等严格的检测标准，目前已经全面开放预售的为两种最受消费者欢迎的规格：特级果，直径70毫米左右，单个重量180～230克，1箱5千克装大约26个左右；优级果直径65毫米左右，单个重量120～170克，1箱大约36个左右。包装时不带叶子，不打蜡，自然包装，不覆膜，每个橙子都带有唯一橘红色喷码，被称为“有身份证的橙子”。

摆在你面前的褚橙相对于普通橙子，颜色更“清秀一些”，种类上属于“冰糖橙”，颜色呈淡黄色。不过，价格比一般橙子贵了不少。2013年，在北京特级果销售价格为148元/箱，约10元/斤，优级果销售价格为128元/箱；在成都，特级果的销售价格为128元/箱，优级果销售价格为118元/箱。价格高的原因是褚橙的种植肥料为褚时健自己研发的用烟梗调成的有机配方，此外，褚时健还要求“每棵树只留240～260朵花，减少产量以保证吸收阳光和养分”。

为挑好肥料，一个八十多岁的老人蹲在养鸡场的地上，把臭的年轻人都不敢碰的鸡粪抓在手里捻一捻，看看水分多少、掺了多少锯末，他眼睛又不太好，几乎要把鸡粪凑在脸上！

在褚时健山上的房间里，堆了一大摞关于柑橘种植的图书，这十几年他把书翻得都起了角，书里是密密麻麻的眉批、标注。

褚时健说，有太多的学问书里根本讲不到，所以要靠不断地摸索、实践。褚时健经常下到地里，跟橙子“对话”，一坐就是半个小时，了解株距、施肥、日照、土壤和水，就这样过了十年，现在对这些了如指掌。

同样，做企业也要在细节上下足工夫，我们来看下面的例子。

戴尔电脑公司的 CMM（软件能力成熟度模型），软件开发分为 18 个过程域，52 个目标和 300 多个关键实践，详细描述第一步做什么，第二步做什么。

麦当劳对原料的标准要求极高，面包不圆和切口不平都不用，奶浆接货温度要在摄氏四度以下，高一度就退货。一片小小的牛肉饼要经过四十多项质量检查。任何原料都有保存期，生菜从冷藏库拿到配料台上只有两小时的保鲜期，过时就扔掉。生产过程采用电脑操作和标准操作。制作好的成品和时间牌一起放到成品保温槽中，炸薯条超过 7 分钟，汉堡包超过 19 分钟就要毫不吝惜地扔掉。麦当劳的作业手册，有 560 页，其中对如何烤一个牛肉饼就写了 20 多页，一个牛肉饼烤出 20 分钟内没有卖出就扔掉。

这些都是在细节上下功夫的典型案例，正是这些细节成就了这些企业的成功！

关注细节，把细节做到极致，成就了褚橙，成就了褚时健，也感动了我们每一个人。

第三章

细节做到极致就是创新

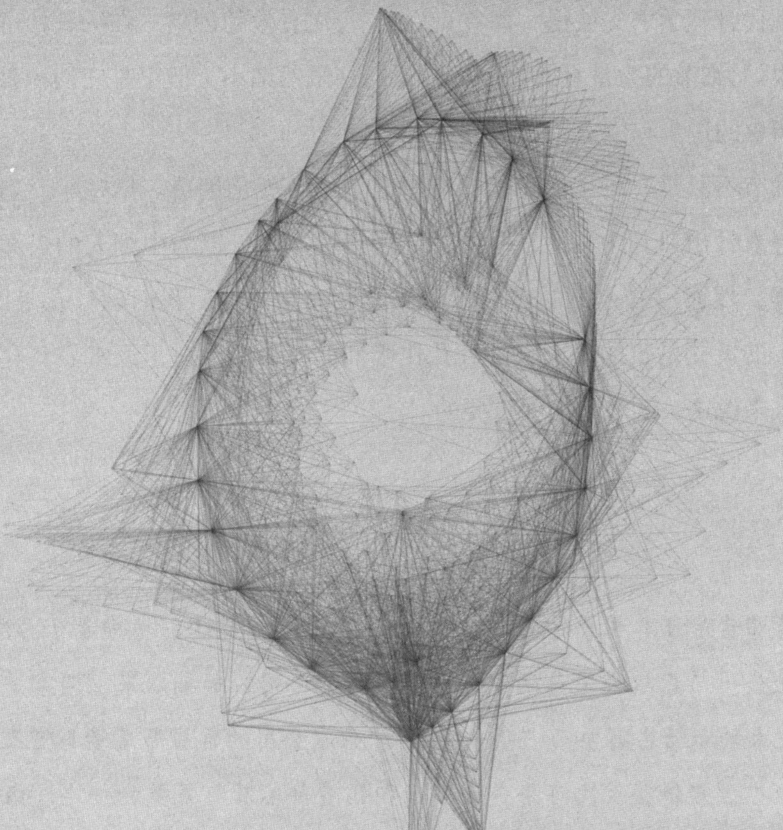

细节是一种创造

现代管理学之父彼得·德鲁克说："行之有效的创新，在一开始可能并不起眼。"细节的力量有时是不可估量的，虽然细小，但正是它们积蓄了生活和历史的进步和倒退。

细节不只是一种生活态度，有时改进细节就是创造。早些年，当日本人把缝衣针出口到中国时，中国的厂商愤愤不平，以为中国人的崇洋心态在作怪，然而一看人家的产品，敬佩之心油然而生。我们的针孔是圆的，而日本的针孔是长的，人家的针孔比咱们的大得多，对于经常需要穿针引线的人来说这一细节是至关重要的。

外表变化一点点

番茄酱是日本人最爱吃的调味品之一，销量非常大，竞争也十分激烈。可果美公司与森永公司是两家最具竞争力的公司，长期以来，两家一直为争夺更大的市场占有率而"明争暗斗"。森永公司的番茄酱质量与可果美的一样，广告宣传甚至比可果美还多，但销量却不及可果美的一半。森永公司老板百思不得其解，该公司的一名推销员提出建议：将番茄酱的包装瓶口改大，大到足以把汤匙伸进瓶里，易于消费者方便地取出番茄酱。老板立刻采纳并付之生产，结果非常成功，销量急剧增加。不到半年时间，森永公司的销量便超过了可果美。一年后，森永公司的番茄酱占领了日本大部分市场。

森永公司的成功之处就在于考虑到了包装物对消费者使用商品的方便性。包装物的方便性功能对商品销量是一个至关重要的因素。

日本的东芝电器公司在1952年前后曾一度积压了大量的电风扇卖不出去。7万多名员工为了打开销路，费尽心机，依然进展不大。有一天，一个小职员向公司领导人提出了改变电风扇颜色的建议。当时全世界的电风扇颜色都是黑色的，东芝公司生产的电风扇也不例外。这个小职员建议把黑色改为浅颜色，这一建议引起了公司领导人的重视。经过研究，公司采纳了这个建议。第二年夏天，东芝公司推出了一批浅蓝色电风扇，大受顾客欢迎，市场上还掀起了一阵抢购热潮，几个月之内就卖出了几十万台。

这一事例告诉我们，只是改变了一下颜色这种小细节，就开发出了一种面貌一新、大为畅销的新产品，使整个公司渡过难关。这一改变颜色的设想，其经济效益和社会效益何等巨大！

而提出这一设想，既不需要渊博的科学知识，也不需要丰富的商业经验，为什么东芝公司其他几万名员工就没人想到，没人提出来呢？为什么日本及其他国家的成千上万的电器公司，在长达几十年的时间里，竟没人想到呢？自有电风扇以来，它的颜色就是黑色的。虽然谁也没有作过这样的规定，而在漫长的生产过程中已逐渐形成为一种惯例、一种传统，似乎电风扇只能是黑色的，不是黑色的就不称其为电风扇。这样的惯例、这样的传统反映在人们的头脑中，便成为一种根深蒂固的思维定式，严重地阻碍和束缚了人们在电风扇设计和制造上的创新思考。

很多传统观念和做法，有它们产生的客观基础，而得以长期存在和广泛流传，也有其自身的根据和理由。一般来说，它们是前人的经验总结和智慧积累，值得后人继承、珍视和借鉴。但也不能不注意和警惕：它们有可能妨碍和束缚我们的创新思考。

以细节为突破口，改变思维定式，你将步入一个全新的境界。一些细节，因其微小被人们忽略了，然而却造成了大问题，带来了大麻烦。一些聪明人善于从细节做起，从而使局面得到很大的甚至是彻底的改观。

先付出一点点

在一个全国性的酒类博览会上，很多的国内知名品牌厂家蜂拥而至。一家名不见经传的小厂也想去占一席之地，但由于场面之大，远超出酒厂领导的预测，小酒厂的产品和参展人员被挤在一个小角落里，虽然产品是运用传统工艺精心酿制的佳品，但从外观和广告宣传上，都很难让经销商认可。直到博览会将近尾声，小酒厂的产品依然无人问津，一无所获，厂长一筹莫展。

这时供销科的科长突然来了灵感，对厂长说："让我来试一下。"只见科长拿了两瓶酒装在一个网袋里就往大厅中心走去，这一举动使得厂长莫名其妙。

只见这位科长走到大厅中央人员密集的地方，突然一不小心，将两瓶酒掉在地上，碎了，顿时大厅内酒香四溢。到这个博览会参展和订货的都是些品酒专家，当时很多人就从这飘散的酒香中得出了结论——这肯定是好酒。就凭这酒香，小厂两年生产的产品，在一个多小时内被订购一空。由于厂长说暂时不想扩大生产规模，以保证产品质量，使得很多经销商只有遗憾而归。

从此，小厂的品牌，一举成名，产品供不应求。

这位科长的举动可谓是一种创新的推销方式，要以正常的行为方式在强手如林中抢占一块市场，谈何容易？可这位科长的超常规举动就把这个无名小厂推上浪峰，这就是创新的力量。

我们的思维往往都是被一些固守的经验主义束缚着的，有时很不容易去撕破束缚，要做到超越这些旧的思维模式，使自己拥有一颗始终能创新的脑袋，就得具备超脱的思想意识、精细的思维设计能力、果敢的自信心，以及敏锐的洞察分析能力。

具备这些，你就能随时发现可供你创新的条件，这样，你在这个充满着激烈竞争的环境里就会领先和超越，处于弄潮儿的位置上。

每天都有新想法的吉尔博夫妇

1970 年，曾经过了 20 年“嬉皮士”生活的吉尔博夫妇，开始建立起自己的“西屋”时装店。设在巴黎的“西屋”随着两人不断求新的性格而不断地变换产品，新潮服装在货架上接二连三地出现，它像一块磁铁，吸引着一些青年人。

随着时间的推移，“西屋”的名气越来越大。吉尔博继续用粗蓝布料不停地设计、剪裁，之后缝制、出售。功夫不负有心人，他们终于创出了牌子。伴着商场里散发着的皮革的清香和鞣料的气息，“501”牛仔裤终于赢得了顾客的信任。吉尔博夫妇欣喜若狂，他们的事业终于取得了成功。

他们的时装以自己独特的魅力、潇洒的风格、新颖的款式，而获得众多顾客的喜爱。他们设计的时装不仅吸引着法国的人们，就是在美国、意大利、加拿大等国家，也拥有众多的追随者。

随着“西屋”影响日益扩大，成衣商们开始眼红起来，他们意识到仿制吉尔博服装的款式一定可以大发横财。于是，假冒产品不断出现。类似吉尔博夫妇设计的服装充斥着各地市场，就连巴黎中央市场的服装区，也有许多冒牌货。面对假冒服装的泛滥，吉尔博夫妇束手无策，又一次濒临破产的边缘。

正当吉尔博夫妇痛苦之时，意大利一位商人阿尔多·齐阿瓦塔，向他们伸出了援助之手，把这对快要破产的夫妇从“死亡”的边缘拉了回来。而吉尔博夫妇则决心抓住这个机会大干一场。很快，齐阿瓦塔投资生产的系列服装“CLOSED”投向市场。出乎吉尔博夫妇所料，这个系列很快就占领了市场，销售量猛增。

随着“CLOSED”系列不断在市场上走俏，吉尔博夫妇更加信心百倍，斗志高昂，又迅速地推出一系列产品。这些系列中每个产品都注有自己的商标，每个系列都是各自独立的，这也是他们从过去的遭遇中总结出的教训。没想到这种做法无意中竟成了自己的特色。至今，吉尔博服装中仍有几个商标是独立的。

在牛仔裤取得成功之后，吉尔博夫妇同一位好友共同创立了山林公司，主要经营皮革服装。他们接着把目光投向了儿童，因为童装的消费是个前景广阔的市场。他们说干就干，童装系列产品很快出厂，走向市场。即使现在，MAILIA 等商标的产品仍是人们争购的对象。

吉尔博夫妇对服装市场有着相当敏锐的洞察力，这不仅使他们保证了自己持续发展的势头，还为自己的企业扩大了经营范围。他们的产品遍布世界各地，吸引着众多的顾客。他们那潇洒的粗布猎人裤和直筒农妇裤，他们设计的“囊袋裤”、“爷爷裤”和加拿大的“骑警裤”等款式，也是既新颖又实用，深受消费者青睐。

在经营过程中，吉尔博夫妇认真对待每一个系列的产品，从设计、剪裁、缝制，一直到出售，他们都要追踪调查顾客的兴趣，倾听顾客的意见。为投顾客所好，他们常常标新立异，使自己设计的每个系列都能强烈地吸引顾客，让顾客过目难忘，非买一件试试不可。如今的吉尔博夫妇，不仅在法国的外贸经济上占据重要地位，而且在世界上也颇有影响，他们的企业已成为跨国企业。山林公司的子公司已经遍布日本、美国、澳大利亚、西班牙等国，公司年营业额高达数亿美元。

吉尔博夫妇就是这样靠不断创新产品，最后成为了法国的牛仔裤巨头。

成功者之所以成功，并非他们在做多么伟大的事情，而在于他们不因为自己所做的是小事而有所倦怠和疏忽，在于他们能看到别人看不到的细节。伟大的成就来自于细节的积累，无数的细节就能改变生活。我们唯有在把握细节中预约精彩，在研究细节中积淀智慧，才能在实践细节中走向成功！

处处留心皆学问

爱默生说，细节在于观察，成功在于积累。仔细观察工作生活中的微小事物，并对其进行理性思考，就是事业及人生的成功秘诀。

李冰修建都江堰

古代蜀地非涝即旱，有“泽国”之称，蜀地人民世世代代同洪水做斗争。秦惠文王九年（公元前316年），秦国吞并蜀国。为了将蜀地建成其重要基地，秦国决定彻底治理岷江水患，秦昭王派精通治水的李冰担任蜀地太守。

李冰到蜀地后，亲眼看到当地灾情的严重：发源于成都平原北部岷山的岷江，两岸山高谷深，水流湍急；到灌县附近，进入一马平川，水势浩大，往往冲决堤岸，泛滥成灾；从上游挟带来的大量泥沙也容易淤积在这里，抬高河床，加剧水患；特别是在灌县城西南面，有一座玉垒山，阻碍江水东流，每年夏秋洪水季节，常造成东旱西涝。李冰到任不久，便开始着手进行大规模的治水工作。

治水首先需要筑堰，可是筑堰的方法实验了多次，都失败了。有一天，李冰到山溪里查看地势，发现有一些竹篓，里面放着要洗的衣服。李冰大受启发，他让人编好大竹篓，装进石块，再把竹篓连起来，一层一层放到江中，在江中堆起了一道大堰，两侧再用大石加固，笼石层层累筑，既可免除堤埂断裂，又可利用石块间空隙减少洪水的直接压力，从而降低堤堰崩溃的危险，一道牢固的分水堰终于筑成了。

这就是著名的水利工程“都江堰”。机遇只偏爱有准备的头脑，李冰正是因处处留心才建成了都江堰。几千年来，该工程为成都成为“天府之国”奠定坚实的基础，李冰父子也永远被后人铭记。

善于观察的法布尔

法国昆虫学家法布尔有一次在森林中得到了一个很大的蛹，带回住处不久，蛹孵化出了一头雌蛾。当天夜里，雄蛾们就从很远的森林里飞来，往窗玻璃上撞。法布尔想，雄蛾从几千米外的森林里飞来，一定是受到雌蛾的某种信息。他很想知道雌蛾是用什么办法传递自己的信息，雄蛾又是怎么找到雌蛾的。

于是，法布尔开始了多角度的观察。他先用纸把雌蛾挡了起来，雄蛾虽然看不到雌蛾，但还是很快找到了它。这说明雄蛾不是靠眼睛发现雌蛾的。

接着，法布尔又把雌蛾用玻璃罩罩起来，雄蛾看得见雌蛾，但是闻不到雌蛾的气味。结果，雄蛾很茫然，不知道雌蛾在哪里。

法布尔又用一些干净的棉花在雌蛾身上擦了一下，雄蛾们马上会聚到棉花上，好像棉花就是雌蛾一样。

通过这些观察，法布尔得出结论，雄蛾是靠雌蛾身体发出的气味而找到雌蛾。这种气味就是昆虫的性信息。

现在，科学家已经能合成一些雌性昆虫的性信息素，利用这种信息素，可以诱杀雄虫；也可以用信息素“冒充”雌虫，使雄虫不再去找真正的雌虫，从而起到减少虫害的效果。但是，由昆虫信息素引发的这一系列用途，归根到底，源于法布尔不同于常人的敏锐观察。

工作中多想几步

无论是李冰修都江堰，还是法布尔观察昆虫，都是因关注身边的小事、留心周围的细节而成功的。但仅仅观察是不够的，还需要将观察到的东西进行思考、总结，上升为理论成果或应用到实践中去，这就需要在工作中多想几步。

爱若和布若差不多同时受雇于一家超级市场，开始时大家都一样，从最底层干起。可不久爱若受到总经理的青睐，一再被提升，从领班直到部门经理。布若却像被人遗忘了一般，还在原地踏步。终于有一天布若忍无可忍，向总经理提出辞呈，并痛斥总经理用人不公平。总经理耐心地听着，他了解这个小伙子，工作肯吃苦，但似乎缺少了点什么，缺什么呢？

“布若先生，”总经理忽然有了个主意，“请您马上到集市上去，看看今天有什么卖的。”布若很快从集市回来说，刚才集市上只有一个农夫拉了一车土豆卖。“一车大约有多少袋？”总经理问。布若又跑去，回来说有10袋。“价格多少？”布若再次跑到集市上。总经理望着跑得气喘吁吁的布若说：“请休息一会吧，你看看爱若是怎么做的。”

说完总经理叫来爱若，并对他说：“爱若先生，请你马上到集市上去，看看今天有什么卖的。”爱若很快从集市回来了，汇报说到现在为止只有一个农夫在卖土豆，有10袋，价格适中，质量很好，他带回几个让总经理看。这个农夫过一会儿还将弄几筐西红柿，据他了解价格还算公道，可以进一些货。这种价格的西红柿总经理可能会感兴趣，所以他不仅带回了几个西红柿样品，而且还把那个农夫也带来了，他现在正在外面等回话呢。

旁边静听的布若涨红了脸。

人与人的差距，更多体现在思想方法上，虽然初始时就那么一点点，但日积月累就越拉越大，所以发现差距及时总结，方能迎头赶上。

人要善于观察、学习、思考和总结，仅仅靠一味地苦干，埋头拉车而不抬头看路，结果常常是原地踏步，明天仍旧重复昨天和今天的故事。

成功需要很高的悟性与洞察力，面对差距和挑战，及时调整心态，增强自己的独立思考、多谋善断、随机应变的能力。

简单的招式练到极致就是绝招

电影《枪王之王》中有这样一句台词：技术，是需要不断地训练，建立了绝对的信心，就会在直觉出现的时候，毫不犹豫地出手。虽然电影里讲的是射击练习，但也给了我们以启示：一些简单的招式练到极致后就是绝招。

不要眼高手低

很多人眼高手低，简单的事情不想做，复杂的又玩不了。其实，每个人身上都有值得我们学习的地方，每一件简单的事情，都蕴含珍贵的经验

一件事，
一辈子，
专注到极致就是伟大

财富，就像练功一样，简单的招式练到极致就是绝招。

某地有个拳师，十分了得，方圆百里无人能敌，许多年轻人慕名前来，拜师学艺。这个拳师收徒时，先打量一下来拜师的人，从外表看是不是练拳的料，如果看不上，就让这个人烧水做饭洗衣干些粗活，或者直接打发走。

这天来了一个拜师的人，看起来高大威猛，但憨态十足，言谈举止非常愚钝，拳师一看，这人虽然不是学拳的料，但是留下来烧火做饭有力气，也是一把好手，于是让这个人做了伙夫。这个人实诚，他想，可能凡来拜师学艺的都要先从烧火做饭起，耳濡目染对拳术不生疏了，师傅才教的。

转眼几个月过去了，比他后来的都练上拳脚了，师傅还没有教他的意思。一次午饭前，他把饭做好，看师傅坐在那儿指导徒弟练拳，就来到师傅面前，怯生生地说："师傅，您什么时候教我呀？"拳师一看，顺手抄起一截顶门杠，站起身，一跺脚，一抡棍，比画了几下，就把顶门杠扔到了一边，说："练吧。"别看这个徒弟看来愚钝，但是记性和眼力都很好，师傅的一招一式都熟记在心，等师傅扔下顶门杠，便跪在师傅面前："多谢师傅教我。"

回家后，这个人以为得到了真传，苦练跺脚，抡棍，照着师傅的样子比画，几年如一日地练习。

这一年，外地来了一个拳师设擂台打擂，本地很多拳师都败下阵来，人们都指望这位名拳师了，他的徒弟一个个上台，又一个个被打下来，师傅被逼无奈亲自上场。谁知，上台后，十几个回合，师傅也被打下擂台。这时，一个大汉"蹭"的一声蹿上擂台，师傅和众徒弟一看，急忙喊他下来。这名大汉好像没听见，一跺脚，擂台震颤了起来，对手左摇右晃，站立不稳，连招架之功都没有了，这名大汉又一抡棍，接着比画了几下，对手被打下了擂台。

在众人的欢呼声中，这名大汉被师傅和徒弟围在中间，师傅忙问："是谁教你的这套功夫？"大汉跪下答道："师傅，您忘记了，这是您教我的。"师傅听了，脸红红的。

一个被师傅看不起的人，经过刻苦学习，终于取得了成果。跺脚、抡棍、比画几下，非常简单，但是这名大汉把最简单的招式练到极致，练就了克敌制胜的绝招。只要踏踏实实地去做，并长期坚持，无论做什么，都能取得成功。

说不如看，看不如做

中国谚语讲：千学不如一看，千看不如一练。要想学到真正的东西，就要实践，不厌其烦地实践，在实践中积累、分析、再积累。

一位企业老总去一所财经大学讲课，课间做了一次小小的测试，一个班 50 名大四的学生，让每人模拟填写一份增值税发票，结果填写完全正确的只有 2 人。这位老总感慨道：作为学生，一张票据十几个栏目填写错了一两个栏目，老师还会给个七八十分；但作为企业的职员，发票填错一栏，整张票就作废，那就是 0 分；如果填写错了没有及时发现，那就麻烦大了，就不只是 0 分的问题。

很多人抱怨工作烦、做不好，别人为什么做得好，是不是有什么秘诀、诀窍呢？其实不是，别人只不过不抱怨，默默地做这些细小的事情。大量的工作，都是一些琐碎的、繁杂的、细小的事务的重复。这些事做成了、做好了，并不见什么成就；一旦做不好、做坏了，就使其他工作和其他人受连累，甚至影响大事的成功。

早在我国开发大庆油田时，日本人就特别能够从细节上发现问题。1966年7月，《中国画报》有铁人王进喜头戴瓜皮帽的照片，日本人就推断出此地为东北地区；又根据运原油的列车上灰层的厚度，测出油田与北京的距离，认定油田应在哈尔滨与齐齐哈尔之间。1966年10月，《人民中国》刊登宣传王进喜的文章中，透露出一个“马家窑”的地名，日本人便推断出大庆在安达车站附近；王进喜原在玉门油田，1959年参加国庆观礼后就销声匿迹了，推断出大庆油田开发时间为1959年9月。这次调查的成功，使日本后来在中国石油工业进口设备的谈判中占据主动，几乎垄断了我国石油设备进口市场。单看日本人在中国石油工业进口设备谈判的主动情形，不明真相者一定会认为他们有什么绝招呢。

看不到细节，或者不把细节当回事的人，对工作缺乏认真的态度，对事情只能是敷衍了事。这种人无法把工作当成一种乐趣，而只是当成一种不得不受的苦役，因而在工作中缺乏热情。他们只能永远做别人分配给他们的工作，甚至即便这样也不能把事情做好。而考虑细节、注重细节的人，不仅认真对待工作，将小事做细，而且注重在细节中找到机会，从而使自己走上成功之路。

新的视角，新的发现

鲁迅曾经说过，一本《红楼梦》，经学家看见《易》，道学家看见淫，才子看见缠绵，流言家看见宫闱秘事。任何事情都不是绝对的正反两方面，都没有一把统一的标尺来衡量它的是与否，从不同角度去看，就会看到不同的风景，会有不同的感受。正应了苏轼的那首诗：“横看成岭侧成峰，远近高低各不同。”

罗素的中国行

20 世纪英国最具影响力的思想家罗素，在 1924 年来到中国的四川。那个时候的中国，军阀割据，民不聊生。当时正值夏天，天气非常闷热。罗素和陪同他的几个人坐着那种两人抬的竹轿子上峨眉山。山路陡峭险峻，几位轿夫累得大汗淋漓。此情此景，罗素没有了心情观景，而是考虑起几位轿夫的心情来。罗素想，轿夫们一定痛恨他们几位坐轿的人，这么热的天，还要他们抬着上山，甚至他们或许正在思考，为什么自己是抬轿的人而不是坐轿的人？

到了山腰的一个小平台，罗素下了竹轿，认真地观察轿夫的表情。他看到轿夫们坐成一行，拿出烟斗，有说有笑，丝毫没有怪怨天气和坐轿人的意思。轿夫们还饶有兴趣地给罗素讲自己家乡的笑话，很好奇地问罗素一些外国的事情，在交谈中不时发出笑声。罗素在他的《中国人的性格》一文中讲到这个故事，他还因此得出结论：用自以为是的眼光看待别人的幸福是错误的。

秀才赶考

一位秀才进京赶考，住在一家旅店里。考试前两天的晚上秀才做了三个梦：第一个梦是自己在墙上种白菜；第二个梦是下雨天他戴了斗笠还打着伞；第三个梦是与心上人未穿衣服躺在一起背靠背。这三个梦意味着什么？秀才摸不着头脑。

第二天，秀才便去找算命先生解梦。算命先生听完他述说三个梦后，一拍大腿："我看你还是打道回府吧，没有什么希望了。你想，高墙上种白菜不就是白种吗？戴了斗笠还打着伞不是多此一举吗？和心上人一起没穿衣服却背靠背不是没戏吗？"秀才一听，心一下掉进了冰窟窿，回旅店后便收拾包袱准备回家。

店老板感到有点奇怪，问他还没考试怎么就要回去。秀才如此这般把算命先生的解梦说了一遍。店老板听了乐着说："依我看，这次你一定要留下来，希望很大。你想，高墙上种白菜不是高种（高中）吗？戴斗笠还打伞不是有备无患吗？你和心上人背靠背躺在一起不是说明你翻身的机会就要来了吗？"秀才一听，觉得挺有道理，于是精神饱满地参加了考试，结果中了个探花。

如同一枚硬币的两面，人生也有正面和背面。愉快、光明、幸福、希望……这是人生的正面；忧愁、黑暗、不幸、绝望……这是人生的反面。试想，如果这位秀才相信解梦先生的话，他还能够改写自己的人生吗？而店主的一席话，使他换个角度看问题，因而也就获得了意想不到的成功。

俞仲林的牡丹

中国有一位著名的国画家俞仲林擅长画牡丹。有一次，某人慕名要了一幅他亲手所绘的牡丹，回去以后，高兴地挂在客厅里。买主的一位朋友看到了，大呼不吉利，因为这朵牡丹没有画完全，缺了一部分，而牡丹代表富贵，缺了一边，岂不是"富贵不全"吗？买主一看也大为吃惊，认为牡丹缺了一边总是不妥，拿回去准备请俞仲林重画一幅。

俞仲林听了他的理由，灵机一动，告诉买主，既然牡丹代表富贵，那么缺一边，不就是富贵无边吗？买主听了他的解释，觉得有理，高高兴兴地捧着画回去了。

同一幅画，心态不同，便产生了不同的看法。所以，凡事都应持一种积极的心态，往好处想，不要看什么都不顺眼，要学会换个角度看问题，这样就会少些烦恼、苦痛、牢骚，多些欢乐、平安。

佛经中有一句偈语："一花一世界，一叶一菩提。"角度不同，观察的结果不同。工作中若能灵活地运用各种不同的视角，往往会起到事半功倍的效果。

尤伯罗斯的零成本奥运会

美国亿万富翁尤伯罗斯没有花政府一分钱，成功地创办了1984年洛杉矶奥运会，这使他赢得了全世界的瞩目，也使世界各国发现了举办奥运会的巨大利益。从此，奥运会的举办权就变得极其抢手和昂贵起来。

尤伯罗斯是一个干什么都能全身心投入的人。他在奥克兰机场当过普通工人，还干过售票员、行李搬运工、广告推销员等杂工。获得经济学学士学位后，与妻子一道进入洛杉矶航空服务公司，并被委任为该公司驻夏威夷办事处的负责人。尤伯罗斯没有辜负重托，他工作出色，不到一年，22岁的他就被提升为公司的副总经理。

1962年，因为原来的老板卖掉了自己的航空公司，尤伯罗斯跳槽到西雅图国际航空公司。新的工作岗位并没有给他带来好运，由于公司业务不景气，他负债累累。一年以后，他才摆脱这场危机。

尤伯罗斯始终记得这次财政赤字给他带来的痛苦和无奈，他决心依靠自己的双手，创造财富。不久，尤伯罗斯在好莱坞创建了仅有一间办公室的国际运输咨询公司。由于经营有方，盈利颇丰。1967年，资金已近40万美元，并开始发行股票。1972年，国际运输咨询公司已颇具规模，资产日增。不久，尤伯罗斯以67万美元的价格买下了一家历史悠久的旅游服务公司，并将其分布在世界各地的38个办事处发展到100多个。1973年，尤伯罗斯又进军旅馆业，创立了“侨胞旅社公司”。

40岁以前，尤伯罗斯的个人资产已有100多万美元，进入百万富翁的行列。1978年，美国洛杉矶获得了筹办1984年奥运会的资格，在决定组织人选时，尤伯罗斯有幸被选中了。

尤伯罗斯的机会就这样来了。他欣然接受任命，担任第23届奥运会组委会主席。可是，刚一上任，他就发现组委会几乎是个空壳子，既没有办公室，也没有办公用品，银行里也没有账号，一切都是零。尤伯罗斯自己拿出1万美元，在银行立了户头，又租下一所房子作为组委会临时办公之用。两个月以后，他们才在库尔汉大街的一处由厂房改建的建筑物里正式落下脚。

一开始，许多人都为尤伯罗斯捏一把汗。因为，在这之前，历届奥运会举办的历史都证明，对一个国家一个城市来说，举办奥运会的确是一种光荣，但同时也是一场灾难，一场财政上的灾难。洛杉矶在1932年曾经举办过一次奥运会，那种大规模的浪费使得财政巨额亏损，以后在其他国家举办的每一次奥运会都是如此。

经过深思熟虑，尤伯罗斯决定一改以往的做法，充分利用现有设施，尽量避免大兴土木、营造新建筑。他采取了一个最省钱又直接的方法：由赞助者提供各个项目最优秀的设施，而赞助者得到的是无与伦比的宣传效果。这种在互利基础上解决财政困难的方法无疑是一个创举。通过这一举措，尤伯罗斯将举办奥运会与社会经济生活联系起来，大众举办奥运会的热情空前高涨。此举获得了众多企业的经济支持。

企业家们很清楚这样的宣传机会十分难得。世界性的盛会，借助现代新闻媒介、电视转播可以将他们的产品介绍到全球的每一个角落。所以，尽管尤伯罗斯将价码提得很高，条件苛刻，如要求赞助者必须长期而且自始至终地对奥运会给予赞助，并对一些商业广告的范围、区域做了硬性规定，但那些企业巨头们还是纷纷前来，都想抢先争取到最热门运动项目的赞助权。到后来，尤伯罗斯不得不按 5 选 1 的比例来确定到底由谁赞助，这样定下了 23 家赞助公司。

转播奥运会盛况的权力是数额最庞大的一笔交易，尤伯罗斯为此煞费苦心。经过反复协商与谈判，终于以 2.5 亿美元的高价与美国国际广播公司达成协议。在这次谈判过程中，尤伯罗斯表现出他高超的谈判技巧，直到协议签订之后很长时间里，这家公司负责体育节目的副总经理还对尤伯罗斯赞赏有加。

敢于创新的尤伯罗斯大胆地打破了一个奥运史上形成已久的惯例：以前，无论是广播还是电视转播体育节目一向都是不收费的，而自这一届奥运会起开创了买卖体育节目转播权的先例。

1984 年 7 月 23 日，第 23 届奥运会在洛杉矶隆重开幕，来自世界各地的运动员和观众以及美国人民表现出空前的热情。这一届奥运会的规模和盛况超过了以往任何一届，来自 140 多个国家和地区的 7960 名运动员齐聚洛杉矶，一展身手；观众购票也十分踊跃，体育场馆几乎是座无虚席。

洛杉矶奥运会结束后，一系列数字证明了尤伯罗斯的巨大成功。他没有用美国政府一分钱，却为政府赚取了一大笔钱，除去一切开支，最后余下的款额是 1.5 亿美元。

英国物理学家、作家和发明家爱德华·德·博诺说过："创新必须打破既定的模式，才能处于全新角度观察事物。"第 23 届奥运会已经过去多年了，但人们不会忘记在那次奥运会气势壮观的闭幕式上，国际奥委会主席萨马兰奇给尤伯罗斯佩戴象征着奥林匹克最高荣誉的金质勋章的镜头，人们将永远铭记尤伯罗斯为世界奥运史所做的开创性的贡献。

正如电影《死亡诗社》里的老师基廷（Keating）鼓励学生站在课桌上审视周围一样，换一个角度，世界将给你呈现新的景色，也许智慧之门就此打开。

改变细节，与众不同

创新存在于每一个细节之中。不起眼的细节，往往会激发创新的灵感，让一件简单的事情获得一次超常规的突破。创新不是浮夸的东西，它要做的是具体的事，只有关注工作生活中的每一个细节，才能把创新工作做好。细节不同，结果就不一样。莫道“山重水复疑无路”，留心细节，必将“柳暗花明又一村”。

夏路列公司的试衣室

日本的夏路列公司是一家生产内衣的公司，设在神户中央区港岛时装街，在20世纪80年代初创时，连经理在内仅有3个人。当时，在日本各百货商店和服装铺都设有试衣室，但试穿内衣先要脱外衣，如果试一件不合身接着再试时，是一件很麻烦的事情，而且多少有些尴尬。

夏路列公司经理注意到了这个细节，就想：如果能在自己家里邀请三五位邻居或女友，一起挑选公司送来的内衣，有中意的式样当场试穿，这种场合气氛融洽，最适宜妇女购买内衣。于是便决定采取这种方式来销售内衣，并配合这种销售方式做出了一些规定：凡是在家庭联欢会上一次购买1万日元以上的顾客，就能获得该公司“会员”资格，今后购买内衣可享受七五折的优惠；会员如在3个月内组织家庭联欢会20次以上，销售金额超过40万日元，就能成为本公司的特约店，可享受6折优惠；如果在6个月内举办家庭联欢会40次以上，销售金额超过300万日元，就能成为本公司的代理店，享受零售价一半的批购优惠。

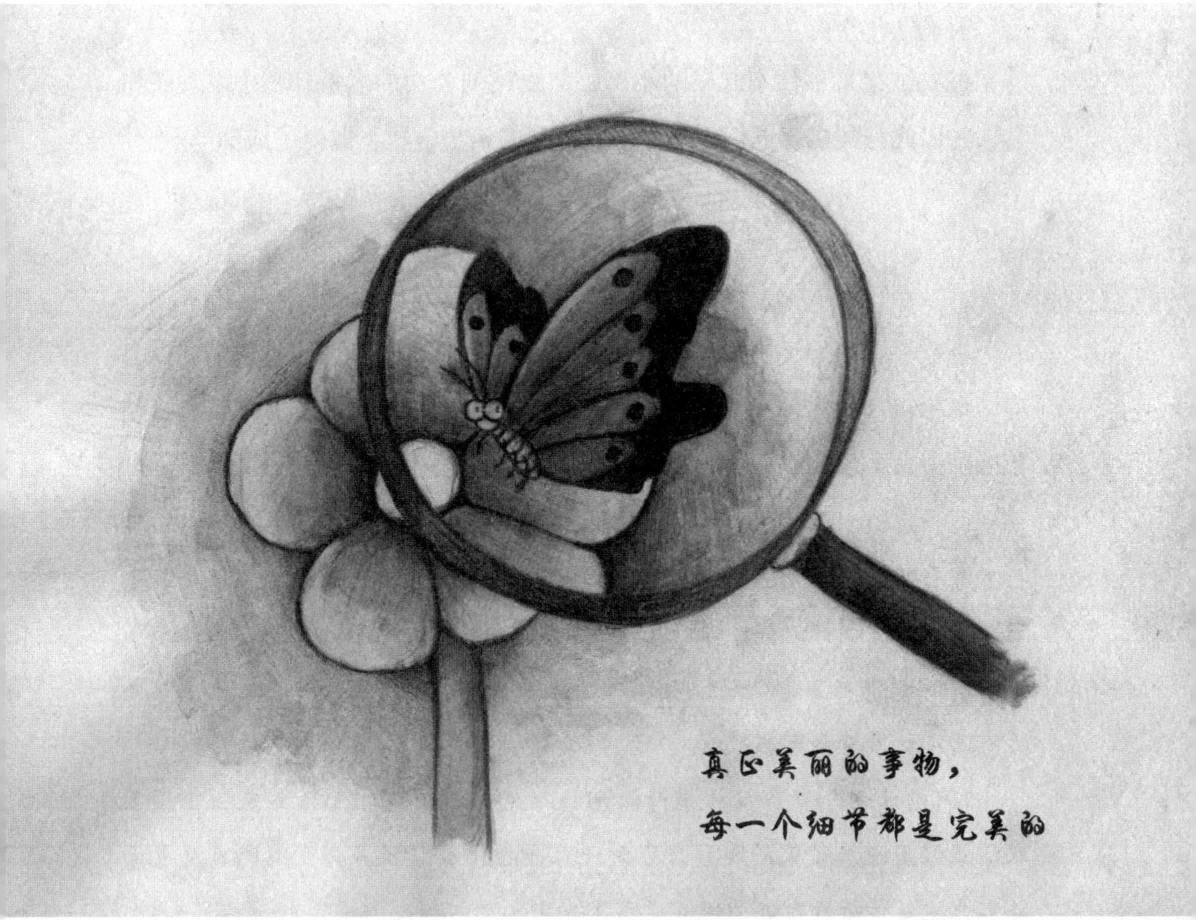
真正美丽的事物，
每一个细节都是完美的

采取这种销售方式以后，夏路列公司获得了迅速的发展。十年以后，夏路列公司拥有员工200多名，代理店约800家，特约店2万多家，会员135万名，而且会员还以每月2万名的速度剧增，年销售额达200亿日元以上，成为日本内衣业的后起之秀，被舆论界称为“席卷内衣业的一股旋风”。

买衣试穿是一件不起眼的小事，但夏路列公司的老板却从中发现了机会，并以此为契机，进行创新，采取了新的销售方式，取得了成功。

李彦宏与百度的发展

一家公司想要成为市场上的领导者，首先要有领导者的心态，那就是要坚信你做这件事能比其他所有人都做得好。在这种心态下，把每件事情都做到极致，你就能最终成为领导者。

每当百度公司有部门在汇报项目进展说“我们这个产品比上一个版本好了多少多少”的时候，李彦宏总是要问一句：“你这个产品是不是比市场上所有的竞争产品都要好，而且明显好很多？”李彦宏的言下之意，就是你有没有把事情做到极致。

“闪电计划”是百度将事情做到极致的一个典范。2001年底，中国互联网正经历泡沫破灭的阵痛。当时还只是搜索引擎服务提供商的百度也面临客户拖延付款的财务困境。李彦宏思考良久，2002年春节的鞭炮声未熄，他便亲自挂帅，发动“闪电计划”，并以一如既往的平静口吻告诉工程师们：“我们这个小组要在短时间里全面提升技术指标，特别是在一些中文搜索的关键指标上要超越市场第一位的竞争对手。”

那时，百度与市场第一名的规模相差几十倍，而当时百度产品技术团队只有 15 个人，要做出对手 800 个人做出的产品，这样的超越谈何容易？工程师们唯有日夜无休地开发程序，闭关苦修。

在最困难的时刻，李彦宏为大伙儿打气：“我们必须做出最好的中文搜索引擎，才能活下去，而且活得比谁都好。你们现在很恨我，但将来你们一定会爱我。”

正是这次只有 15 个人参与的闪电行动，用了 9 个月时间，抢占了用户体验的制高点，一举奠定百度在中文搜索领域的龙头地位，从此，百度的市场占有率节节攀升，路越走越宽。

在一次战略沟通会上，李彦宏通过网上直播再次向全体百度人重申：“我们做事必须有领导者的心态，要 best of the best, 把每件事做到极致，做得比别人更好——不是好一点儿，而是好很多。”

在李彦宏的心里，这个极致是永无止境的。

吴维宁的坚持

在南瑞集团公司，有一位“驯电高手”，即该集团副总经理吴维宁，数十年坚守科研开发第一线，带领团队摘得国家科技进步一等奖，多项成果打破国外垄断，推动企业转型升级，创收数十亿元。

“子弹不能做得比枪还复杂，一定要考虑恶劣自然环境对电网保护装置的影响，关键时刻在现场必须起作用。”吴维宁此话，正是对所从事科研工作的绝佳诠释。

许多人都对 2008 年那场冰雪灾害记忆犹新。2008 年初，低温雨雪冰冻灾害导致我国南方很多电网设施遭受严重破坏，其中输电塔倒塌 70 余万架，3000 多万户断电，直接经济损失 250 亿元。为提高电网对极端气候的抵御能力，国家电网公司启动电网大范围冰冻灾害预防与治理关键技术研究，吴维宁牵头负责直流融冰装置研发。

这套系统要赶在当年年底前投入运行，时间紧迫。吴维宁夜以继日攻关在一线，南瑞集团技术中心总工程师吕宏水记得在浦口实验室熬的一个个通宵："吴总对技术有兴奋感，问题和困难不断激发他的研究兴趣，他创新地提出级联二极管整流方案，简单、可靠、易实现，一举解决困扰大家的技术难题。"

短短一年多后，融冰装置就在湖北咸宁投运，有效抑制线路覆冰问题，很好地应对雨雪冰冻灾害。

吴维宁随身总带着记录本，工作中的问题和经验随时记录，一年用掉几十个记录本，形成一笔可贵的财富。国网智研院研究室副主任黄在朝介绍："吴总最爱说的话是如果你把一件事做到极致，想不成功都难。他正是这样不断实践，带领团队建起世界上规模最大的电网广域雷电监测网，完成变电站基于通信信息平台保护测控一体化系统研发，为国家电网稳定运行保驾护航。"

星巴克的创造

科技的进步不都是打破故旧以后重新改造，而多是在关注细节的改进中进步的。人生亦如此，我们不能因追求进步而彻底否定过去，更多的是在改进细节中取得进步。

星巴克开发出一种金属箔作为包装材料。这种材料最大限度地阻隔了氧气和潮气，可称得上是延长咖啡流通时间的划时代的新技术。星巴克公司在这个包装袋上安装了特殊的阀门扣，这个扣能把咖啡氧化时所产生的气体排出，使咖啡始终维持在真空状态。这项重大发明把咖啡的流通期限从一周延长到一年以上。自从发明了这项技术，星巴克咖啡得以源源不断地运送到世界各地。

为了调制出顶级咖啡，星巴克还从其他一些细节出发，积极运用互联网技术创新。星巴克提供手机无线充电服务、通过数字化赢得客户，除了可以网上订购早餐、午餐、晚餐、夜宵或各类特色小吃外，星巴克还推出员工大学计划，与美国亚利桑那州立大学合作，给员工提供免费在线课程，并把福利延伸至员工家属。同样是咖啡厅，也许不同之处就是细节之处的服务提升。

列宁说："要成就一件大事业，必须从小事做起。"鲁迅说："巨大的建筑，总是一木一石叠起来的，我们何不做这一木一石呢？"这些至理名言，对我们都有很大启示。若想在工作、生活中取得成就，就必须从大处着眼，从小处入手，从点滴做起，把细节做到极致就是创新。

案例分析——乔布斯的成功秘诀

科技上的很多发现、发明离不开细节。乔布斯，经历了苹果公司几十年的起落与兴衰，先后领导和推出了麦金塔计算机（Macintosh）、iMac、iPod、iPhone、iPad 等风靡全球的电子产品，改变了现代通讯、娱乐、生活方式。乔布斯的创新、成功源于他对细节的关注。有人说，如果世界上只有三个苹果，那么第一个属于亚当，第二个属于牛顿，第三个则属于乔布斯。由此可见，乔布斯和他那"被咬了一口的苹果"是多么深入人心。

乔布斯发现所有品牌的手机，由于屏幕上各式各样的按键占据了很大一部分面积，使得显示屏缩小很多。他想如果用一块大屏幕和唯一的按键代替他们，那么人们在使用手机的同时就方便了许多，而大屏也会给人们带来更多更方便的享受。于是乔布斯就潜心研究大屏手机功能，同时，他还潜心研究怎样使手机功能“傻瓜化”，让更多的人，甚至是小朋友都能使用这些功能。经过长时间的潜心研究，乔布斯创造了苹果手机，创造了手机史上的奇迹。美国一家投行的资深分析师保罗·诺格罗斯在一篇文章中写道：“近乎变态地注重细节才是乔布斯成功的秘诀。”

不可否认，每个像乔布斯一样成功的领导者都怀有一颗成就大事的心，如果没有这样的心态，也很难付出努力。但是，我们要注意到他们都是从小事做起，重视每个细节的。正所谓做大事前，先把小事做好。浩瀚的大海也是由一滴滴水珠积成；广阔的沙漠也是由一粒粒的沙子聚成。故要成大事，先从小事做起。

“于细微处见精神”，有人说“态度决定一切”，一个连小事都不愿做、做不好的人，他能成就多大的事业呢？一屋不扫，何以扫天下？也有人这样说：“芸芸众生，能做大事的实在太少，多数人只能做一些具体的事、琐碎的事、单调的事。也许过于平淡，也许鸡毛蒜皮，但这就是工作、就是生活，就是成就大事不可缺少的基础。”

乔布斯周围的人描述他：乔布斯是一位咄咄逼人、要求严厉、高度重视细节的管理者和控制狂。小事不小，这是时下人们经常挂在嘴边的一种理念，它告诉人们，无论做什么事情，都应从小处着手。但在现实工作、学习、生活中，要真正做到这一点，对每一个人来讲，并非是一件容易的事情，这也正是乔布斯成功的基础。乔布斯的行动也确实证明了这点，他曾经亲自让广告代理商改掉某个广告文案第三段中的一个字，曾经 3 次改动所有苹果公司零售店的灯光布置，为的是店内的产品看上去像广告中那样熠熠生辉。对于乔布斯来说，企业战略起步于顾客走进店面，打量产品包装，打开包装试用产品等看起来不起眼的小事中。

细节决定成败。为了重新设计 OS X 系统的界面，乔布斯几乎把鼻子都贴在电脑屏幕上，对每一个像素进行比对，他说：“要把图标做到让我想用舌头去舔一下。”乔布斯是苹果产品的最终仲裁者，然而我们却看到，他关心的是与产品有关的细节及其带给用户的体验。

正如一位网友所说："当多年前，我第一次看到 iMac 时，我知道这不是一台 PC，而是一件完美的艺术品。是乔布斯一扫计算机灰褐色、千篇一律的单调，将计算机从充满电路板气味的实验室带进了我们的卧室，并用相对低廉的价格，让我们完成了一次技术与艺术的完美体验。"

尽管有人批评乔布斯想控制一切细节，每件小事都不放过，实际上他并非对所有小事都感兴趣。乔布斯关心的只是与公司、顾客有关的细节及其带给顾客的体验。乔布斯不想等到产品出问题后再后悔：因为某一个小的细节没有做好，而导致整个产品的失败，甚至是整个公司的危机，自己有责任不让这种情况发生。

古语有云："不积小流，无以成江海；不积跬步，无以至千里。"这句话看似简单，但是有其深刻的含义。任何大事都是从小事入手。小事，并不是小人物的事。大人物每天做的事情，也是一些小事。所不同的是，大人物做的每一件小事，都是某一件或某一些大事的构成部分。

乔布斯的成功提醒了许多有着"一举成名天下知"梦想的年轻人，想做一两件轰轰烈烈的"大事情"，让自己一下子取得成功，这不是坏事，但是，只想做大事情，不愿意做小事甚至对小事不屑一顾，却是一种极不好的心态。做好小事才能成就大事，这个道理每个人都懂，只是缺乏执着于小事的恒心。

法国银行大王恰科，年轻时到一家银行去谋职，可是，一见面就被董事长拒绝了。当恰科失魂落魄地从银行走出时，看见银行大门前的地面上有一根大头针，便弯腰把它拾了起来。第二天，银行录用恰科的通知书出乎意料地来了。原来，就在他弯腰拾大头针的时候，董事长看见了，董事长认为如此细心的人，很适合当银行的职员，小事看本色，于是决定雇用他。恰科因此得以在法国银行界施展拳脚，成就了一番大事业。

这就是小事，很多小事，一个人能做，另外的人也能做。要想比别人优秀，只有在每一件小事上下功夫。苹果公司前首席执行官斯卡利曾说："乔布斯对产品的要求之一是注重产品的每一个小的环节，这些环节包括产品设计、软件、硬件、系统运行、应用程序和外围产品等，对于产品营销、设计及其他事务，乔布斯都会参与其中。"

恰科和乔布斯就是这样认真对待每件小事，而且注重在细节中找到机会，从而使自己走上成功之路。

下 篇

把细节做到极致

Details

Make a Difference

第四章

宝剑锋从磨砺出，欲达高效细节来

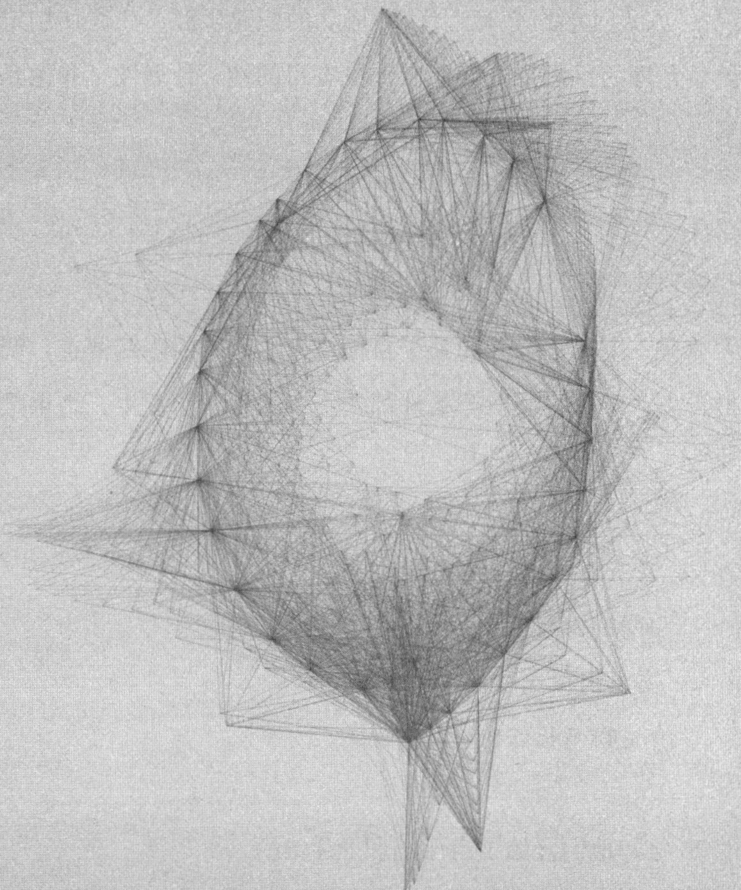

目标，给梦想一个期限

俗话说："人无远虑，必有近忧。"成功的职业生涯，往往从制定合理的目标开始。合理的目标往往会使工作更有目的性、计划性，并达到事半功倍的效果。

哈佛大学的跟踪调查

哈佛大学有一个非常著名的关于目标对人生影响的跟踪调查。调查的对象是一群智力、学历、环境等条件都差不多的大学毕业生，结果是这样的：

27% 的人，没有目标；

60% 的人，目标模糊；

10% 的人，有清晰但比较短期的目标；

3% 的人，有清晰而长远的目标。

此后的 25 年，他们开始了自己的职业生涯。

25 年后，哈佛再次对这群学生进行了跟踪调查，结果是这样的：

3% 的人，25 年间他们朝着一个方向不懈努力，几乎都成为社会各界的成功人士，其中不乏行业领袖、社会精英；

10% 的人，他们的短期目标不断地实现，成为各个领域中的专业人士，大都生活在社会的中上层；

60% 的人，他们安稳地生活与工作，但都没有什么特别的成绩，几乎都生活在社会的中下层；

剩下 27% 的人，他们的生活没有目标，过得很不如意，并且常常抱怨他人、抱怨社会、抱怨这个“不肯给他们机会”的世界。

其实，他们之间的差别仅仅在于：25 年前，他们中的一些人知道自己到底要什么，而另一些人则不清楚或不很清楚。

马拉松冠军山田本一的成功

1984 年，在东京国际马拉松邀请赛中，名不见经传的日本选手山田本一出人意外地夺得了世界冠军。当记者问他为什么能取得如此惊人的成绩时，山田本一说了这样一句话：用智慧战胜对手。当时许多人都认为这个偶然跑到前面的矮个子选手是在故弄玄虚。马拉松赛是体力和耐力的运动，只要身体素质好又有耐性就有望夺冠，爆发力和速度都还在其次，说用智慧取胜确实有点勉强。

两年后，意大利国际马拉松邀请赛在米兰举行，山田本一代表日本参加比赛。这一次，他又获得了世界冠军。记者又请他谈经验。山田本一性情木讷，不善言谈，回答的仍是上次那句话：用智慧战胜对手。这回记者在报纸上没再挖苦他，但对他所谓的智慧迷惑不解。

10 年后，这个谜终于解开了。山田本一在他的自传中是这么说的：每次比赛之前，我都要乘车把比赛的线路仔细地看一遍，并把沿途比较醒目的标志画下来，比如第一个标志是银行，第二个标志是一棵大树，第三个标志是一座红房子……这样一直画到赛程的终点。比赛开始后，我就以百米的速度奋力地向第一个目标冲去，等到达第一个目标后，我又以同样的速度向第二个目标冲去。40 多千米的赛程，就被我分解成这么几个小目标轻松地完成了。起初，我并不懂这样的道理，我把我的目标定在 40 多千米外终点线上的那面旗帜上，结果我跑到十几千米时就疲惫不堪了，我被前面那段遥远的路程给吓倒了。

山田本一说的不是假话，众多心理学实验也证明了山田本一的正确。心理学家给出了这样的结论：当人们的行动有了明确目标，并能把自己的行动与目标不断地加以对照，进而清楚地知道自己的行进速度与目标之间的距离，人们行动的动机就会得到维持和加强，就会自觉地克服一切困难，努力达到目标。

确实，要达到目标，就要像上楼梯一样，一步一个台阶，把大目标分解为多个易于达到的小目标，脚踏实地向前迈进。每前进一步，达到一个小目标，就会体验到“成功的喜悦”，这种“感觉”将推动你充分调动自己的潜能去达到下一个目标。

GKN 公司的转型——眼光放远，行动果敢

19 世纪末，始创于工业革命时期的英国 GKN 公司已经发展成为世界最大的钢铁企业之一。但是，随着钢铁工业的国有化，GKN 公司失去了其主要支柱产业，只剩下一个空壳。

GKN 何去何从？围绕着 GKN 的前途问题，公司的高层管理人员争论不休，时任 GKN 公司会计师的霍尔兹沃恩有幸参与了这场争论。在经过缜密的调查后，霍尔兹沃恩谨慎地向 GKN 公司董事会呈交了一份有关公

司发展前途的战略报告。

在报告的结论中，霍尔兹沃恩提出：GKN 公司将无法在钢铁行业继续生存，因此，公司应立即转型，开发新产品。但是，GKN 公司刚刚创建了一家年产 600 万吨钢管的钢管厂，如果采纳霍尔兹沃恩的建议，钢管厂将被关闭，所有投资都将化为乌有；再者，霍尔兹沃恩只不过是一名微不足道的会计师，其建议的分量难以让人信服。在权衡“利弊”之后，GKN 公司的决策层放弃了霍尔兹沃恩的建议，仍按既定方针推进钢管厂的生产。

然而，历史是严酷的，仅仅过了两年，GKN 公司的钢管厂就陷入困境，最后不得不停产。董事会的董事们在焦头烂额之际才想起了霍尔兹沃恩，于是破格把他提升为公司的副总裁兼常务经理。

霍尔兹沃恩上任后就立即着手开辟新领域。他买下比尔菲尔德公司，将该公司生产的一种新型产品投入欧洲和北美市场；又开发出一种廉价的运输机，使产品畅销全世界。GKN 公司顿时面貌全新。不久，霍尔兹沃恩又研制出新型战斗机“勇士”号，一举占领了英国军用机生产市场，为 GKN 公司带来了巨大的利润。

1980 年，霍尔兹沃恩因业绩非凡而被公司任命为董事长。这时，英国的钢铁工业陷入了一团糟的窘境，GKN 公司也因此受到冲击，面临新的严峻考验。

在新形势之下，霍尔兹沃恩的同行们都认为这是工人罢工造成的，但霍尔兹沃恩全面调查研究后提出了一个完全不同的观点：这是英国工业衰退的先兆，更大的衰退即将来临。

明确了发展形势，霍尔兹沃恩便果断地采取措施，调整公司的产业结构。他先后卖掉了公司在澳大利亚的钢铁业股权和在英国的传统机械公司，同时在法国、美国和英国本土创办了五家新公司。

对霍尔兹沃恩的这些大胆举措，许多目光短浅的董事提出了异议。但是，霍尔兹沃恩不为所动，坚持“我行我素”。不久，英国工业的全面衰退果然来临，GKN公司因早有准备，使损失降到了最低，而其他公司则纷纷倒闭。人们无不为霍尔兹沃恩的高瞻远瞩和果断举措而赞叹。

在现代工业社会，企业特别是那些大企业要谋求生存、发展，首先要有高瞻远瞩的眼光，要有果敢的行动魄力，要随着经济形势的发展及时调整对策，才能不被时代淘汰。所谓谋略，实际上就是长远的目光，就是比别人看得远，能够未雨绸缪，并做出预测，提出发展的构想。当然，谋略也有优劣之分，判断的主要标准就是看谋略者的眼界是否开阔，思维境界是否高远。只有站得高看得远的人才能把握企业命运的脉络，确保企业生存和发展的动力不衰，成为商战中的胜利者。所以古人云：“不谋万世者，不足谋一时；不谋全局者，不足谋一域。”

对个人来说，要想取得成功则要制定有效的目标原则。

制定有效目标的SMART原则

S就是Specific，即具体的；

M就是Measurable，即可测量的；

A就是Attainable，即可达到的；

R就是Relevant，即相关的；

T就是Time-based，即有时限的。

Specific（具体）

首先，设定目标一定要具体化。只有具体化了，才具有可操作性，才容易控制。

所谓具体，就是目标要明确，要能够用语言清楚地说明要达到的行为标准，不能够笼统，不能够模棱两可，不能有争议性。

比如说，“我想当公务员”，这算不算一个好目标？公务员的范围很广，有不同技术领域的，不同职务的公务员。你想要当的是哪方面的公务员？这个目标描述得不很明确。再比如，我想把我的孩子培养成为一个成功的人，这个成功就不是具体的。

Measurable（可量化）

其次，目标应该是可衡量的，即目标应该是可量化的。

所谓量化，应该有一组明确的数据，作为是否达成目标的依据。如果制定的目标没有办法衡量，就无法判断这个目标是否能实现。

我想成为一个快乐富有的人，这是不是一个好目标？什么才算是快乐，什么才算是富有？是精神上的富有，还是金钱上的富有？有多少钱算富有？一百万，一千万？快乐和富有并不是可量化的，没有可量化的指标，就算不上一个好目标。

所以，目标的衡量标准遵循“能量化的量化，不能量化的质化”的原则。制定人与考核人有一个统一的、标准的、清晰的、可度量的标尺，杜绝在目标设置中使用概念模糊、无法衡量的描述。

Attainable（可行性）

目标应该是具有可行性的。既然是目标，就一定是我们希望能够完成的，希望达到的。制定的目标可以有挑战性，有一定的难度，但决不能达不到。

应该这样理解达不到：根据自己目前的现实条件达不到，在短期内达不到。比如教育孩子，要充分了解孩子的实际情况，不要乐观地估计孩子的智力，制订过高的教育计划，导致孩子花了更多的精力也达不到，压力过多而扭曲了性格；也不要低估了孩子的可塑性，制定的目标没有挑战性，导致孩子松懈，不认真对待。Relevant（相关性）

目标之间应该是具有相关性的。相关性指的是部门的目标应该与公司的目标一致，个人的工作目标应该与团队的目标一致。

比如学生在制订学习计划时，如果与学校的培养计划相关，与自己学习课程结合，这是最理想的。

Time-based（时间限制）

目标必须是有时间限制的。任何一个目标，都有一定的时间限制，以便于衡量和考核。“我要完成百万订单”，什么时候完成？一年？两年？如果没有时间限制，则这个目标就不是好目标。

找准靶心，培养重点思维

重点思维意味着你知道自己该做哪些事、不该做哪些事。你的一天只有 24 小时，你能完成多少工作？在信息庞杂、速度加快的现代职场中，我们必须在愈来愈少的时间内，完成愈来愈多的工作。在如今日趋复杂与紧凑的工作步调中，重点思维是最好的应对之道。

卡尔森的启示

卡尔森是一个具有重点思维习惯的人。1968 年，他加入温雷索尔旅游公司从事市场调研工作，3 年后，北欧航联出资买下了这家公司，卡尔森先后担任了市场调研部主管和公司部门经理。

卡尔森熟悉业务，并且善于解决经营中的主要问题，他的经营才能得到了北欧航联的高度重视，他们决定对卡尔森进一步委以重任。北欧航联下属的瑞典民航公司购置了一批喷气式客机，由于经营不善，连年亏损，到最后连购机款也偿还不起。1978 年，卡尔森出任该公司的总经理。

担任新职的卡尔森充分发挥了擅长重点思维的才干，他上任不久，就抓住了公司经营中问题的症结：国内民航公司所订的收费标准不合理，早晚高峰时间的票价和中午空闲时间的票价一样。卡尔森将正午班机的票价削减一半以上，以吸引去瑞典湖区、山区的滑雪者和登山野营者。

此举一出，很快就吸引了大批旅客，载客量猛增。卡尔森掌舵后的第一年，瑞典民航公司即扭亏为盈，并获得了丰厚利润。

从重点问题突破，是成大事者思考的习惯之一，因为没有重点的思考，等于毫无主攻目标，所以要养成正确的思维方法。

正确的思维方法包含了两个方面：第一，必须把事实和纯粹的资料分开；第二，事实必须分成两种，即重要的和不重要的，或有关系的和没有关系的。

在达到你主要目标的过程中，你所使用的所有事实都应该是重要而有密切关系的，那些不重要的往往对整件事情的发展影响不大。

那些有成就的人都已经培养出一种习惯，就是找出并设法控制那些最能影响他们工作的因素。这样一来，他们也许比一般人工作得更为轻松愉快。他们知道如何从不重要的事实中抽出重要的事实，所以，他们等于为自己的杠杆找到了一个恰当的支点，只要用小指头轻轻一拨，就能轻易玩转那些沉重的工作。

只有养成了重点思维的习惯，才能在实际工作中避免“眉毛胡子一把抓”，抓住重点，从而取得良好的成绩，赢得成功。

培养重点思维的方法

(1) 坚持“要事第一”原则

“要事第一”是指我们在平时工作中要善于发现决定工作效率的

关键，在第一时间解决排在第一位的事情。著名的逻辑学家布莱克斯说过："把什么放在第一位，是人们最难懂的。"永远做最有价值的事，养成要事第一的习惯，这将成为你的业绩不断提升、工资不断上涨的砝码。

曾为美国第二大钢铁公司的伯利恒钢铁公司成立之初，只是由联合铁厂和其他几家小公司合并组成的小钢铁厂。当时公司的创始人查尔斯·施瓦布曾向效率专家艾维·利请教"如何更好地执行计划"。

艾维·利说："好！我10分钟就可以教你一套至少提高50%效率的最佳方法。"

"把你明天必须要做的最重要的工作记下来，按重要程度编上号码。最重要的排在首位，以此类推。早上一上班，马上从第一项工作做起，一直到完成为止。然后用同样的方法对待第二项工作、第三项工作……直到你下班为止。即使你花了整天的时间才完成了第一项工作，也没关系。只要它是最重要的工作，就坚持做下去。每一天都要这样做。在你对这种方法深信不疑之后，让全公司的人也这样做。"

"这套方法你愿意试多久就试多久，然后给我寄张支票，并填上你认为合适的数字。"

施瓦布认为这个思维方式很有用，不久就填了一张25000美元的支票寄给了艾维·利。5年后，伯利恒钢铁公司从一个鲜为人知的小钢铁厂一跃成为大型的钢铁生产企业。人们都认为，艾维·利提出的方法很有效。多年以后，施瓦布还常对朋友说："我和整个团队坚持只拣最重要的事情去做，我认为这是我们公司多年来最有价值的一笔投资！"

艾维·利的方法，用一句话概括就是先做重要的事。因为人的时间和精力是有限的，如果过分在小事上劳心费神，就会荒废了大事。

（2）分清要事

分清什么是最重要的并不是一件易事，我们常犯的一个错误是把紧迫的事情当作最重要的事情。实际上，紧迫只是意味着必须立即处理，但它们往往不是很重要的。比如电话铃响了，尽管你正忙得焦头烂额，也不得不放下手边的工作去接听。所以，要坚持“要事第一”，就要学会分清何为要事。

重要的事情通常是与目标有密切关联的并且会对你的使命、价值观、优先的目标有帮助的事，这里有 5 个标准可以参照。

A. 完成这些任务可使我更接近自己的主要目标（年度目标、月目标、周目标、日目标）。

B. 完成这些任务有助于我为实现组织、部门、工作小组的整体目标做出最大贡献。

C. 我在完成这一任务的同时也可以解决其他许多问题。

D. 完成这些任务能使我获得短期或长期的最大利益，比如得到公司的认可或赢得公司的股票等。

E. 这些任务一旦完不成，会产生严重的负面作用：生气、责备、干扰等。

根据紧迫性和重要性，我们可以将每天面对的事情分为四类：重要且紧迫的事；重要不紧迫的事；紧迫但不重要的事；不紧迫也不重要的事。只有合理高效地解决了重要而且紧迫的事情，你才有可能顺利地进行别的工作。重要但不紧迫的事情要求我们具有更多的主动性、积极性、自觉性，早早准备，防患于未然。剩下的两类事或许有一点价值，但对目标的完成没有太大的影响。

你在平时的工作中，把大部分时间花在哪类事情上？如果你长期把大量时间花在不重要但紧迫的事情上，可以想象你每天的忙乱程度：一个又一个问题会像海浪一样冲来，而你十分被动地一一解决。长此以往，相信老板再也不敢把重要的任务交付给你，你早晚有一天会被这种生活方式击倒、压垮。

只有重要而紧迫的事才是需要花大量时间去做的事。它虽然并不紧急，但决定了我们的工作业绩。二八法则告诉我们：应该用 80% 的时间做能带来最高回报的事情，而用 20% 的时间做其他事情。取得卓越成效的员工都是这样把时间用在最具有“生产力”的地方。

所以，我们要找准靶心，培养重点思维，养成做“要事”的习惯，对最具价值的工作投入充分的时间。这样，工作中的重要的事不会被无限地拖延，工作对你来说也就不会是一场无止境、永远也赢不了的赛跑，而是可以带来丰厚收益的活动。

工欲善其事，必先利其器

“工欲善其事，必先利其器。”这句话说的是，工匠想要把他的工作做好，一定要先让工具锋利，比喻要做好一件事，准备工作非常重要。语出《论语·卫灵公》：“子贡问为仁。子曰：‘工欲善其事，必先利其器。居是邦也，事其大夫之贤者，友其士之仁者。’”

屠呦呦获诺奖

2015 年 10 月 5 日，中国科学家屠呦呦和两名外国科学家，因在疟疾治疗研究中所取得的成就，荣获 2015 年诺贝尔生理学或医学奖。

踏实和勤奋，是屠呦呦从小就养成的习惯。25 岁那年，她以优异成绩从北京医学院药学系毕业，被分配到卫生部直属的中医研究院（现中国中医研究院）工作。从此，她埋头从事生药、炮制及化学等中药研究，一干

世界上最难遵循的规则是度，

度源于素养，

而素养则来源于日常生活一点一滴的细节的积累，

这种积累是一种功夫

就是半个世纪。

刚参加工作的时候，研究院条件非常艰苦，设备极为简陋，只有用于土法提炼的七口大缸和几间平房。但是，屠呦呦从不抱怨，一心扑在工作上。那时，她患结核病，仍然坚持去野外采集标本，认真实验，从不耽误。短短几年里，她的半边莲和中药银柴胡两项生药学研究成果，相继被收入《中药志》。

1969 年 1 月 21 日，中医研究院任命屠呦呦为科研组组长，参加全民抗发疟疾“523”项目。作为科研组组长，屠呦呦带领团队成员，从系统整理历代医籍入手，四处走访老中医，先后调查了 2000 多种中草药制剂，选择了其中 640 种可能治疗疟疾的药方，最后，从 200 种草药中，得到 380 种提取物，进行小白鼠抗疟实验。

然而，实验进行了 190 次，始终没有获得满意结果，研究一度陷入绝境。面对这种情况，屠呦呦没有气馁，没有停止探索的脚步。屠呦呦一部接一部地翻阅着古代医药典籍，以期获得一点线索或灵感。有一天，翻着翻着，屠呦呦突然眼前一亮，一行文字令她激动不已。那是东晋葛洪的《肘后备急方·治寒热诸疟方》中的一句话：“青蒿一握，以水二升渍，绞取汁，尽服之。”她注意到，这里记载的取汁方法与常规法不同，不是煎熬，而是“绞取”——这是否意味着青蒿里的有效物质不能高温煎熬呢？想到此，屠呦呦立即改用沸点较低的乙醚进行实验，在 60 摄氏度下获得了青蒿提取物，发现其对疟原虫的抑制率达到 100%。

成功属于有准备的人，显然，屠呦呦就是一个有准备的人，她用踏实与勤奋，为自己赢得了成功。数学家华罗庚曾说：“科学是老老实实的学问，搞科学研究工作就要采取老老实实、实事求是的态度，不能有半点虚假浮夸。”屠呦呦的成就正是对这句话最好的注解。

工作出色，少不了提前准备

某企业打算招聘一位技术主管，在众多求职者中，其中甲和乙两个人在知识、技术和能力方面都很接近。正当公司为录用哪一个更合适而发愁时，乙主动给公司的人力资源部打了一个电话，并发了一封邮件。信中详细表达了他希望加入公司以及自己是合适人选的原因，此外还有他在学校发表的论文、导师的推荐信及他希望来公司所做的一些课题等。

乙的这番积极主动的做法，使企业最终决定录用乙。

很多时候，比别人跑得快了一点点，得到的却是完全不同的另一种收获。工作中唯有那些积极主动，跑在别人前面的人才善于创造和把握机会，并能从平淡无奇的工作中找到机会。

没有成功会自动送上门来，也没有幸福会平白无故地降临到一个人的头上，这个世界上一切美好的东西都需要我们主动去争取。机会经常是属于那些跑在前面的人，因为只有走在别人前面的人才能有机会握到成功之手。只有凡事比别人提前一点，你才会离成功更近一点。

未雨绸缪，意思是说在下雨之前或者不下雨的时候要先修缮房屋门窗，以防备下雨的时候被雨淋。生活与工作中很多重要的事情，都需要在之前做好准备，这就是制订计划的原因。

做时间的掌舵者

鲁迅曾经讲过：“生命是以时间为单位的，浪费别人的时间等于谋财害命，浪费自己的时间等于慢性自杀。”在所有的资源中，唯有时间是不可保存、不可转换，也不能停止的。时间永远是短缺的，它没有弹性，也找不到替代品。做时间的掌舵者，就是要合理地规划自己的时间，提高工作效率，避免陷入“事务主义”。

时间管理四象限法则

分辨事情的重要性、紧急性是合理规划时间的第一步，也是一个令人困惑的问题。著名管理学家科维提出了时间管理的四象限法则，把工作按照重要和紧急两个不同的程度进行了划分，基本上可以分为四个“象限”：既紧急又重要、重要但不紧急、紧急但不重要、既不紧急也不重要。

时间管理四象限法

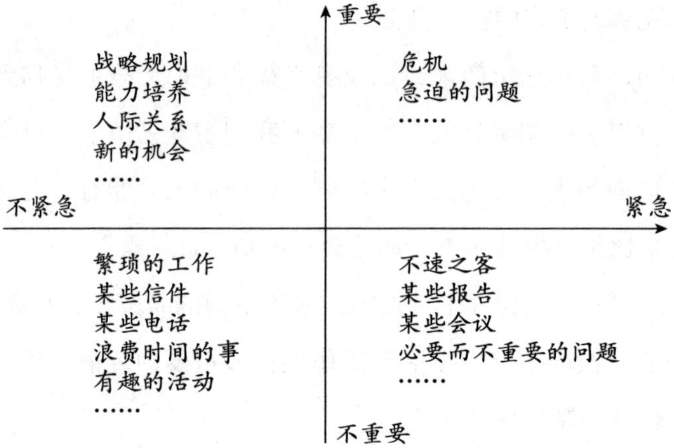

第一象限

这个象限包含的是一些紧急而重要的事情，这一类事情具有时间的紧迫性和影响的重要性，无法回避也不能拖延，必须优先处理解决。它表现为重大项目的谈判，重要的会议工作等。

第二象限

第二象限不同于第一象限，这一象限的事件不具有时间上的紧迫性，但是，它具有重大的影响，对于个人或者企业的存在和发展以及周围环境的建立维护，都具有重大的意义。

制订计划的目的是把那些重要而不紧急的事情，按部就班地高效完成。因此要学会怎么样制订计划，怎么样做准备。计划、准备、学习、培训等都是重要的预防或者重要的储备工作。

第三象限

第三象限包含的事件是那些紧急但不重要的事情，这些事情很紧急但并不重要，因此这一象限的事件具有很大的欺骗性。很多人认识上有误区，认为紧急的事情都显得重要，实际上，像无谓的电话、附和别人期望的事、打麻将三缺一等都并不重要。这些不重要的事件往往因为它紧急，会占据人们很多宝贵的时间。

第四象限

第四象限的事件大多是些琐碎的杂事，没有时间的紧迫性，没有任何的重要性，这种事情与时间的结合纯粹是在扼杀时间，是在浪费生命。发呆、上网、闲聊、游逛，这是饱食终日无所事事的人的生活方式。

做时间的掌舵者

人生太短，来不及做的事情很多，选择你寻找的，坚持你信仰的，人生只需要做一件成功的事情就很不错了。如何选择和合理安排你的时间便是一个必须考虑的问题。

（1）从日常生活做起，从小事做起

我们总说细节决定成败，如果在生活里不能合理安排自己的时间，又如何安排以后的生活呢？不要轻易怀疑自己做得到底对不对，如果从一开始，你就没有做好选择，那么你只有重新开始了，但是一旦开始了，就要一如既往。

（2）列一张时间表

一个一个地写出自己要做的事情，并为自己设定时间表，在规定的时间内完成自己规划好的事情。

为自己制定一定的人生规划与职业方向。总要有一份工作让你倾尽全部身心，没有方向的鸟是飞不起的，没有梦想的人是可怕的。知道自己想做的，坚持住。

（3）不拖拉，不找借口，按时完成任务

当我们决定去做一件事时，不要拖拖拉拉，给自己找一万个不想去的借口，而是要全身心地投入要做的事情，只有这样才能在日积月累中成功。如果总是在找借口，最后只能被借口吞没。

（4）写个备忘，做个计划

人总是有惰性的，所以我们要写一些备忘贴在经常看见的地方，时刻提醒自己该做什么，这也是在培养自己的时间观念和记性。对事情有一个合理的安排，这就意味着我们能够分清事情的轻重缓急，重要的事情先去做，从而管理好我们的时间，做时间的主人。

（5）注意休息，准时饮食

合理安排时间并不是一直处于忙碌的工作状态，我们更要安排好饮食的时间，不要第一天 10 点吃早餐，第二天 7 点吃早餐，第三天干脆不吃了。充足的睡眠也是必要的，要保证好休息时间，才有精力做好事情。

（6）适当娱乐，放松心情

周末的时候可以适当放松一下心情，出去郊游或者逛街都是不错的选择。要做到松弛有道，合理安排时间。

（7）借助时间管理软件

可以下载一两款比较适合自己的时间管理 APP，帮助自己规划好时间。有些 APP 可以帮你将工作生活的时间进行细分，记录你一天中所有的时间消耗，比如跟别人打电话 10 分钟，完成工作报告 30 分钟等。看似琐碎的记录其实就是你生命的流逝，我们有责任知道自己的时间究竟去哪儿了。

掌握了以上这些基本技术，剩下的就只有坚持了。一开始你可能会觉得不适应，但是时间久了这些都会成为你生活的一部分。而且相信你一定能体会到坚持带给你的变化，让自己成为时间的掌舵者。

紧抓细节不放手

现代经济已进入高速发展的时期，而经济发展主要依靠管理和技术这两个轮子。在国外，经济学家认为西方工业现代化是“三分靠技术，七分靠管理”。许多企业家通过对细节的追根究底，实现了自己的人生梦想。

吉宁的“婆婆妈妈”

一般人认为，企业的高层管理者不应关注细小的问题，而只需要把握企业的主干——生产、经营和销售等方面的大原则就可以了，各种具体的细节问题应完全放手让部属去干。

而美国国际电话电报公司行政总裁哈罗德·吉宁却不这样看，他认为这是一种欠缺的管理方法，卓越的领导人从来不会对细节问题撒手不顾，反而在适当的时候会对它追根究底。

吉宁在美国管理界颇负盛名，他的名字常与天才、雄心勃勃、坚忍不拔、强有力、苛求和成功这样一些词捆绑在一起。苛求的吉宁对细节的执着几乎到了着魔的地步，但这恰恰是他管理方法的基本内核和他取得成功的关键。吉宁有超强的记忆力和速读能力，喜欢亲手掌握原始数据，不愿让他的职员把材料提得太精炼。吉宁曾说："有许多事不需要我知道，可是在事后我要知道这是怎么回事。"吉宁发现问题时，会很快地行动起来并要求介绍详细情况，以便及时解决。他的一位行政主管说过："在国际电话电报公司由吉宁解决的问题有许多是小问题，比其他任何一家大公司都要多。"

也许有人要说这种管理方法太"婆婆妈妈"了，其实不然。正是由于吉宁对事实持之以恒的追求，严谨的工作作风和细致的办事原则，才使该公司在他的领导下，规模扩大了10倍。

有很多企业从细节入手，改进管理、创新求实，从而成为世界知名企业。

肯德基的系列计划

（1）冠军计划：肯德基曾在全球推广"CHAMPS"计划，该计划是肯德基取得成功业绩的主要精髓之一。其内容为：

C：Cleanliness，保持美观整洁的餐厅；

H：Hospitality，提供真诚友善的接待；

A：Accuracy，确保准确无误的供应；

M：Maintenance，维持优良的设备；

P：Product Quality，坚持高质稳定的产品；

S：Speed，注意快速迅捷的服务。

"冠军计划"有非常详尽、可操作性极强的细节，保证了肯德基在世界各地每一处餐厅都能严格执行统一规范的操作，从而保证了它的服务质量。肯德基这种对细节的重视程度就是企业基础管理技术最务实的反映，也是中式快餐与洋快餐的差别所在。

（2）员工培训计划：为了保证员工能够服务到位，肯德基对餐厅的服务员、餐厅经理到公司的管理人员，都要按其工作性质的要求，进行严格培训。例如，餐厅服务员新进公司时，每人平均有200个小时的“新员工培训计划”，对加盟店的经理培训更是长达20周时间。餐厅经理人员不但要学习引导入门的分区管理手册，同时还要接受公司的高级知识技能培训。这些培训，不仅提高了员工的工作技能，同时还丰富和完善了员工的知识结构以及个性发展。

（3）选址计划：对“一步差三市”规律理解深透的肯德基在进入某个城市之前，在选址方面，要做细致科学的调查研究。通常，要做的第一件事，就是通过有关部门或专业调查公司收集这个地区的资料，然后，根据这些资料开始划分商圈。商圈规划采取记分的方法。比如，某个地区有一个大型商场，商场年营业额为1000万元的记一分，5000万元的记五分；有一条公交线路加多少分，有一条地铁线路加多少分。通过细致的打分，把商圈划分成几大类。以北京为例，有市级商业型、区级商业型、定点消费型、社区型、社区商务两用型、旅游型等。在商业圈的选择上，肯德基既考虑餐馆自身的市场定位，也会考虑商圈的稳定度和成熟度。肯德基的原则是一定要等到商圈成熟稳定后才进入。

确定商圈之后，还要考察这个商圈内最主要的聚客点在哪里。如北京的前门是个热闹的商业区，但不可能前门的任何位置都是聚客点。肯德基的目标是力争在最聚客的地方开店。

确定地点后，还要确认在这个区域内，人们的流动线路是怎样的。人们从地铁出来后往哪个方向走等，都要派人实地用秒表测量，之后，将采集到的数据输入专用的计算机软件，就可以测算出在此开店的前景以及投资额是多少，据此肯德基就可以放心地投资了。

美国汽车公司：总裁桌上的不同颜色公文夹

美国汽车公司总裁莫端要求秘书给他的呈递文件放在各种颜色不同的

公文夹中。红色的代表特急；绿色的要立即批阅；橘色的代表这是今天必须注意的文件；黄色的则表示必须在一周内批阅的文件；白色的表示周末时须批阅；黑色的则表示必须他签名的文件。

把你的工作分出轻重缓急，条理分明，你才能在有效的时间内，创造出更大的成果，也使你的工作游刃有余、事半功倍。

麦当劳：把所有经理的椅子靠背锯掉

麦当劳创始人雷·克洛克，是美国社会最有影响的十大企业家之一。雷·克洛克不喜欢整天坐在办公室里，大部分工作时间都用在走动管理上，即到各公司、各部门走走、看看、听听、问问。麦当劳公司曾有一段时间面临严重亏损的危机，克洛克发现其中一个重要原因是，公司各职能部门的经理有严重的官僚主义，习惯躺在舒适的椅背上指手画脚，把许多宝贵时间耗费在抽烟和闲聊上。

于是克洛克想出一个“奇招”，将所有经理的椅子靠背锯掉，并立即办理。开始很多人骂克洛克是个疯子，不久大家开始理解他的一番“苦心”。他们纷纷走出办公室，深入基层，开展“走动管理”。及时了解情况，现场解决问题，终于使公司扭亏为盈。

日本太阳工业公司：会议成本分析制度

日本太阳公司为提高开会效率，实行开会分析成本制度。每次开会时，总是把一个醒目的会议成本分配表贴在黑板上。

成本的算法是：会议成本＝每小时平均工资的3倍×2×开会人数×会议时间（小时）。公式中平均工资之所以乘3，是因为劳动产值高于平均工资；乘 2 是因为参加会议要中断经常性工作，损失要以 2 倍来计算。因此，参加会议的人越多，成本越高。有了成本分析，大家开会态度就会慎重，会议效果也十分明显。

比奇公司：劳动生产率会议

为了扭转劳动生产率日益下降的趋势，美国比奇飞机公司从 20 世纪 80 年代中期建立了“劳动生产率会议”制度。公司从 9000 名职工中选出 300 名作为出席“劳动生产率会议”的代表。

当某一职工想提一项合理化建议时，他就可以去找任何一名代表，并与该代表共同填写建议表。这个提议交到“劳动生产率会议”后，由领班、一名会议代表和一名劳动生产率会议的干部组成的小组负责对这项建议进行评价。如果这个小组中的两个人认为该建议能提高劳动生产率并切实可行，则建议者可得到一笔初审合格奖金。接着由“劳动生产率会议”对上述建议进行复审，复审通过后，即按该建议产生效果大小给提议职工颁发奖金。这项制度给公司带来了巨大效益。

惠普公司：“敞开式大房间”办公室

美国惠普公司创造了一种独特的“周游式管理办法”，鼓励部门负责人深入基层，直接接触广大职工。为此，惠普公司的办公室布局采用美国少见的“敞开式大房间”，即全体人员都在一间敞厅中办公，各部门之间只有矮屏分隔，除少量会议室、会客室外，无论哪级领导都不设单独的办公室，同时不称呼职衔，即使对董事长也直呼其名。这样有利于上下左右通气，创造无拘束和合作的气氛。

看了上面的几个例子，我们可以清楚地看到，这些优秀企业在成长壮大的过程中，把对细节的苛求当成了企业管理最基础、最核心的要素，当他们已成长为世界500强时，他们的服务理念、品牌价值已经实实在在地体现并固化在细节中。可以说，细节是公司精神与品牌的精魂所在，是企业与企业之间差异化的最本质反映，是企业核心竞争力的具体表现。推而广之，细节，才是每一个时代的本质，各个时代穿越一切表象而固定下来的小小细节，就是那个时代的精魂，大时代的力量在小细节上。

案例分析——雷·克洛克如何让麦当劳走向世界

提起麦当劳，人们首先想到的是麦氏兄弟，却不知道让其真正走向世界的是另外一个人——雷·克洛克。

雷·克洛克与麦当劳的相遇

1937年，理查德·麦当劳与莫里斯·麦当劳这一对犹太人兄弟，通过对自己经营的小餐馆过去3年的收入记录情况进行研究后发现，全部收入的80%竟然都来自汉堡包。

于是，麦氏兄弟开始对经营方式进行了重大改革，主要销售这种每个15美分的汉堡包，并采用自助式用餐，一律使用纸餐具，以提供快速服务。这种令人耳目一新的汉堡包小餐厅的经营方式大获成功。随后，麦氏兄弟开始建立连锁店，并亲自设计了金色双拱门的招牌。到1954年，拥有10家连锁店的麦当劳汉堡包自助餐厅，全年营业额竟达20万美元。

从简单的数字中，在小小的价值15美分的汉堡包中，麦氏兄弟发现了“麦当劳王国”，说明他们有着敏锐的观察力、精明的头脑和经营天分，以及对细节的重视。虽然如此，麦氏兄弟并未意识到自己的发现具有怎样的前景，而目光敏锐的雷·克洛克却看到了这一产业的辉煌未来。

从1929年起，雷·克洛克当了25年推销员。作为推销员，他品尝过太多失败的苦涩。在麦氏兄弟创办麦当劳快餐厅的那一年，克洛克当上一家经销混乳机的小公司的老板。混乳机是一种能同时混合搅拌5种麦乳的机器。雷·克洛克的公司经受了第二次世界大战的冲击，惨淡经营，仅能勉强维持。到了20世纪50年代，已到知天命的克洛克，依旧是个默默无闻的小老板。

1954年的一天，克洛克作为经销混乳机的老板，发现麦氏兄弟在圣伯丁诺市开的这家餐馆一次就定购了8台混乳机。这么大的购货量让克洛克震惊，他感到好奇，想知道是谁为什么会一次购买这么多的混乳机，于是特地赶到了圣伯丁诺。对于一般人而言，有客户一次购买如此多的设备，只顾偷着乐了，谁还会在意客户为什么会买这么多，买这么多干什么用？克洛克却不同，对机会敏感的他嗅到了契机。

在圣伯丁诺，克洛克发现这家麦当劳餐厅与当时无数的汉堡包店相比，外表上似乎无太大的区别，但生意非常好。正值中午，小小停车场里挤满了人，足足有150人之多，在麦当劳餐厅前排起了长队。麦当劳的服务员快速作业，竟然可以在15秒之内交出客人所点的食品。这种经营方式，克洛克从未见过。克洛克没有仅仅为了满足好奇心，也没有走马观花般看看就完事，他观察得很仔细。

机会钟情于有远大眼光，精明细心的人。克洛克像发现宝藏一样兴奋，当即决定开办连锁餐馆。第二天，他就与麦氏兄弟进行洽谈。很快得到了在全国各地开连锁分店的经销权，但条件却颇为苛刻，规定克洛克只能抽取连锁店营业额的1.9%作为服务费，而其中只有1.4%是属于克洛克的，

0.5%则归麦当劳兄弟。雄心勃勃的克洛克，毫不犹豫地接受了这个条件。

把握机会是最重要的，而不是一夜暴富的急功近利。1955 年 3 月，克洛克的麦当劳连锁公司正式成立。公司所属的第一家麦当劳餐馆于同年 4 月在西普鲁斯城开张。同年 9 月，在加州的弗列斯诺市，第二家餐馆也开业了。3 个月之后，第三家餐馆在加州雷萨得市开业。推销员出身的克洛克，以他的推销天才使得开设分店的速度越来越快。到 1960 年，克洛克已经拥有 228 家麦当劳餐馆，其营业额达 3780 万美元，而麦当劳连锁系统这一年一共赚到 7.7 万美元。随着规模的扩大，麦氏兄弟所抽取的利润将更多，而且根据当年合约的规定，克洛克不得对麦氏兄弟设立的快速服务系统做任何修改，但事实上克洛克在经营中至少做了几百次细小的改良。麦氏苛刻的规定，严重阻碍了麦当劳事业的进一步发展。“一定要买断麦当劳！”克洛克被迫下了这样的决定。

1961 年年初，经过谈判，麦氏兄弟答应出让麦当劳的经营权，但麦氏兄弟出价惊人：非 270 万美元不卖！而且一定要现金。克洛克经过再三考虑，最终答应了麦氏兄弟的苛刻条件。克洛克的天才财务长桑那本使出浑身解数，几经周转，借了 270 万美元，买下了麦当劳餐馆的名号、商标、版权以及烹饪技术。至此，美国的全部麦当劳快餐店都归于克洛克名下，虽然它的名字仍叫麦当劳，却与麦当劳兄弟不再有任何关系了。

雷·克洛克的创新

得到麦当劳的经营权，克洛克终于可以放手大干了，他把自己精益求精的经营思路发挥得淋漓尽致。

到麦当劳求职的人非常多，他们要经过严格的考核，大多数人被淘汰，只有那些最有潜力获得成功的人才被录用。麦当劳各分店的经理平均年龄 35 岁，他们大都在其他行业表现出色，并且银行账户上的数字很可观。克洛克的招聘指导思想是：为了阻止那些不称职或才能平庸的人进入，公司将最初的现金投资额定得很高。

取得一家麦当劳分店的经销权要 11 万美元到 12.5 万美元，而且还必须自备一半现金，另一半可以向银行申请贷款。资金到位后，由克洛克派人选择地点并建造餐馆。当新的分店开张后，分店经理要将每月营业额的 11.5% 交给公司。从表面上看，这些条件似乎苛刻了些，但实际上，分店经理还能赚不少钱。一家经营良好的餐馆，在 3 年内就能赚回原来的投资。麦当劳公司各分店的年营业额平均为 43 万至 50 万美元，一个中等水平分店的经理每年可盈利 5 万至 7.5 万美元。克洛克对优秀分店经理的最大奖赏，就是尽最大可能让他们得到更多的经销权。有些经理拥有 4 家、6 家甚至 8 家餐馆，所赚的就颇为壮观了。在麦当劳公司，许多分店经理成了百万富翁。

1970 年，克洛克决定向海外市场发展。当时，美国服务业到海外投资的先例并不多，范围也仅局限于美洲。克洛克想要开发其事业的国家都没有快餐厅。这些国家的中产阶级，觉得到外面去吃饭是件大事，需要的是华丽、整洁的衣冠，白布铺满桌子，以及一道道的大菜。麦当劳准备输出的不仅是汉堡包一类的商品，而且是一种饮食文化，其难度势如登天。

麦当劳最初在加勒比地区以及加拿大、荷兰等国尝试发展连锁店时，都遭到失败，但后来在日本取得了巨大的成功。

日本麦当劳总裁藤田针对日本的国情采取了相应的对策。他认为：“在日本，麦当劳公司从老板到员工，必须百分之百本土化，使顾客从外表上看不出麦当劳产品是进口的美国货。”1971 年，克洛克同意了藤田的方案，与他签订了合作协议，双方各出资一半。藤田以富有戏剧性的行销手段，展开宣传攻势，使麦当劳在一夜之间便名扬全日本。当年，东京银座麦当劳分餐厅如期开业，第一天营业额高达 6000 美元，打破麦当劳一天营业额的世界纪录。接着，第二家、第三家麦当劳餐厅陆续开张。短短 18 个月，藤田在日本神速地开办了 19 家麦当劳餐厅。麦当劳在日本一举成功，成为日本最大的连锁餐厅，年营业额达 6 亿美元。

在认真总结了日本的成功经验后，克洛克便采取一种与日本相同的模式在全球开发市场：找一个合伙人，给予他相应股份和自主权，让他自由发挥。就这样，一座座麦当劳餐厅变戏法式地在世界各国落地生根了。

麦当劳的高效

当你踏入任何一家麦当劳餐厅，就立即进入了麦当劳高效率的服务体系中。在餐厅里，麦当劳给服务员的反应时间是 60 秒。接待的服务员负责为你下单、收银和提供食品，三项任务由一人完成，消除了中间信息传递环节，极大地提高了服务效率。

在就餐高峰，顾客排队等候人数较多时，我们常常会听到某个空闲柜台服务生会向在其他收银台前排队的顾客大声说："先生女士，请到这边来。"如果排队人数更多时，便会看到有服务人员来到身边给顾客预点食品。当该顾客到达收银台前时，直接将点菜单提供给收银员即可，这一方式的运用目的无疑还是一个字：快。

不仅节省自己的时间，麦当劳还巧妙地降低顾客点餐的时间。麦当劳的菜谱通常都设计得很简单，一般只有几类食品，每类按数量品种大概分成 2 ~ 3 种规格，节约了顾客选择的时间。同时服务生还会推荐"套餐"，或推荐其他一些食品以协助顾客尽快决策，缩短点餐的时间。同时麦当劳有严格的规定，对一个顾客只推荐一次，从而也降低了推销的色彩。

"谢谢，收您 × × 元，找您 × × 元。"当我们在麦当劳点餐时，是否注意到服务生的这种"唱收"方式，唱得清楚明白可以有效地消除、减少收银过程中出现的纠纷，避免因此引发的对正常服务流程的干扰。

比起其他快餐店，麦当劳的取餐速度也是相当快的。这是因为麦当劳会根据餐馆位置及当天的日期，参考以往餐厅不同时段的供应量，制定当天不同时段的顾客购买量和购买品种。进而将每小时细分为几个时间段，针对不同时间段的需求情况，提前做好下一个时间段所需要的数量。同时，规定员工在拿取食品时都应该小跑。服务高效率甚至在设备上也有所体现，如：饮料设备提供多个饮料出口，只需按一下按钮，就能保证定量的饮料流入杯中，服务生不需要特别看管，可以在“这段时间”拿取别的食品。从内到外、从软到硬，麦当劳的一系列举措保证顾客点餐后 30 秒左右就能拿到所点的食品。

麦当劳的创始人是麦氏兄弟，而真正使麦当劳快餐走向辉煌的却是克洛克。克洛克真正找到了在细节中寻求高效的突破口。

第五章

‖

追求无止境，细节见真功

把每一件事做到极致

什么样的人能够脱颖而出？是那些能够把事情做到极致的人。做到极致，就是你考虑的方面比绝大多数人广、深度比绝大多数人深，而且持续反省能不能更好。坚持下来，不成功都难。

雷军：创业者一定要将产品做到极致

小米科技创始人、董事长兼首席执行官雷军曾经在一个以创业为主题的活动上表示，创业者一定要将产品做到极致，做到极致的意思就是把自己逼疯，把别人憋死。

他用两个例子阐述了什么是将产品做到极致。暴雪工作室是第一个例子。2012年，《暗黑破坏神Ⅲ》震撼发布，距离该系列的上一款游戏《暗黑破坏神Ⅱ》12年时间。在这12年的时间里，暴雪工作室不断调整，多次将游戏回炉重造。雷军表示，这就是一种将产品做到极致的表现。

另外一个例子是价格战。雷军表示，免费就是价格战的极致。亚马逊连续6年亏损12亿，通过免费赢得市场份额，最终成为一家伟大的电商网站。

雷军还表示，互联网领域里所有人工作时间都是7×24个小时的，而传统行业人们工作时间是5×8个小时的，互联网从业者绝不会像传统行业一样，将非上班时间发生的事情拖到上班时间去做，而是立刻解决，这就是互联网与其他行业最大的不同。反应快、研发快，这样才能更快速地积累经验、改进项目。

同时拥有天使投资人和 40 岁创业者的双重身份，雷军更懂得创业的艰难。“创业如跳悬崖，我 40 岁，还可以为我 18 岁的梦想再赌一回。”

丰田公司的精益生产方式

精益生产方式起源于日本丰田汽车公司，目前已在全世界大力推广，它的基本思想是 Just In Time（JIT），也就是“只在需要的时候，按需要的量，生产所需的产品”，追求 7 个“零”极限目标：零切换、零库存、零浪费、零不良、零故障、零停滞、零灾害。

我们看丰田公司的运营，就会发现精益生产方式其实就是注重细节的生产方式。

丰田汽车公司的主机组装厂是一个生产多种小型客车的现代化大型工厂，除了特别干净明亮和色彩宜人的环境外，粗看并没有什么特别之处，但是细看你就会发现流水线中各项任务的工作量出奇地均衡。这是因为，在这个组装工厂里，各项任务在时间和工作量上都是等同的，因此每个人都在用同一种步调工作。一项任务完成时，其上下工序的员工也同时完成他们的任务。当某一个环节出错时，操作人员会立即启动报警系统，一个电子板会自动闪亮以显示出故障的工作台及克服故障所用的时间，其他工作台的员工就会拿上工具箱，赶到发生故障的工作台帮助同事恢复正常工作。在一班工作结束后，电子板就会汇总所发生的故障及其原因，然后，这些问题就成了项目改进的焦点。

这个例子的关键在于，它向我们展示了丰田汽车公司的一个十分明显的特征：通过工程改进来追求工程的不间断性，每一个误差都要仔细检查、诊断和修正。任何问题，无论多么罕见，都不会被看作可忽略的随机事件。这样注重细节，注重细节之间的衔接就是精益生产的具体体现。

UBER 和滴滴

UBER 和滴滴是两款优秀的打车软件，可为何如今滴滴占据了打车软件的半壁江山，UBER 却渐渐淡出人们的视线呢？我们从他们设计的驱动和运营环节来看看。

UBER 这款打车软件最厉害的地方在于它极其强大的算法，它将人流高峰区、人流高峰时段、匹配方法、计费方式等全部适时地计算到适应于每个小环境。基于这种科学的数据推算，司机载客性价比和乘客的搭车速度相较于其他打车软件，得到了非常大的提升。

虽然拥有如此先进的算法驱动，可在其他环节上 UBER 就要差一些了。比如对于拒载这件事，UBER 采取的措施是被动等待用户举报然后制定相关惩罚制度，却没把主动监控纳入算法里。再来看 UBER 基于算法来驱动产品这件事，因为算法依赖于数据的采集，那么客户端就要频繁与服务器进行数据沟通，于是它不可避免地造成了一个很大的缺陷，那就是它的流量消耗和电量消耗大。

与 UBER 相比，稍微细心点的朋友应该会发现，滴滴的地图版块是高德的，也就是说它的算法是比较依赖于第三方的。它要做的事情是给出租车司机和乘客提供一个沟通的桥梁，这应该就是它的关键环节。

滴滴不像 UBER 那样灵活，它给出租车师傅和乘客制定了一套规则，司机和乘客必须按照它的规则来，并且对于时段性的道路峰值情况和搭车性价比是没有灵活调整的，它以规则内容的运营来调整滴滴市场的走势。把打车需求比作一个金字塔的话，底层的大众需求它是完全可以满足的，但是随着金字塔上层越来越细分的条件要求，它就显得有些力不从心了。

但从滴滴原本的出发点来说，滴滴确实做到了“互联网 +”的效果，让出租车和打车的人都得到了高效率的沟通。

再来看滴米，滴滴之所以推出“滴米”，主要是期望解决传统出租车行业运营规则中的痛点——出租车行业原有的调度系统多年来仍作用有限，并不能解决司机拒载的问题。即便在打车软件出现之后，也出现了“好单”大家都在抢，但“差单”却无人接的问题，司机都是在比拼手机和网速。这应该是滴滴打车比较成功的一件事了。司机每接一单都会得到相应的滴米，抢路远的单子也就是所谓质量高的单子，滴米高的优先抢单。也就是说多劳多得，并不会好单差单都任意随机分配，这点得到了大部分师傅的好评，这就是所谓其他环节带来的体验效果。

何谓“极致”？

很多人对于“极致”有个认知上的误区，认为“极致”意味着完美。然而汉语词典会告诉你，极致意味着最佳，而完美意味着没有瑕疵。

你肯定听过这么一句话：“没有最好，只有更好。”所以，个人认为极致更适合做一个比较词，它衡量一个东西、一件事在有限的资源和客观环境下所能达到的程度。可能有人会认为其他环节虽然重要但程度比不上关键环节，因此把关键环节做好就可以了，不必注意每一个细节。这是一种错误的观点。一旦认识上出现这种偏差，分配的资源和关注度也往往有限，也容易给自己的不注意、忽视寻找借口。

细节决定成败。整个项目能不能成，必须依赖项目里的每一个细节的支持。每一个细节必须在它有限的资源和客观环境里做到最好的程度，也就是达到极致才能配合整个项目的运行，从而让整个项目达到最好的效果。产品细化到每一个按钮都有它的责任和使命，它是成功必不可少的因素，它们必须在团队的有限资源里做到极致。想法固然重要，细节也同样重要！

技术需要不断地训练

“技术，是需要不断地训练，建立了绝对的信心，就会在直觉出现的时候，毫不犹豫地出手。”这是射击的技术要领，却揭示了重复训练对提高技术的重要性。

人生是一次长跑

当我们开始做一件事的时候，总是显得那么笨拙与别扭，就像第一次参加户外慢跑，不熟悉路线，没有方向感，不知穿什么样的运动装好，跌跌撞撞地往前冲，一切都是生疏的、笨手笨脚的、糟糕的。

我们在开始扮演新角色或是养成新习惯的时候，常常会有自己是个冒名顶替的骗子的感觉。但是，当我们实践的越多，就越会感觉到真实。就像跑步，起初，你会觉得这是一件既乱糟糟又让人很尴尬的事，但随后，它会变得越来越容易；多年后，当你站在马拉松起跑线上，你也不会觉得自己像个装模作样的冒牌货。

专家？业余选手？失败者？

假设我们同一时间进入某一领域，随着时间的推移，会产生不同的结果。第一种类型，没坚持多久就放弃了，最后注定是一位失败者。第二种类型，起初很努力，也一直在锻炼自己的能力，并最终进入了所在的行业，且获得了一些技能。不过随着对行业的了解，开始啃起老本，以为能凭着曾经获得的经验和技能一劳永逸，最终因不思进取“登堂”而未“入室”，只能算个业余选手。只有第三种人，一直坚持自己的目标，认定后坚持去做，不断训练自己的技能，克服各种困难，能力也不断提升，最终“登堂入室”，成为专家。

总之，只有不断地训练，在遇到阻滞的时候勇敢突破，才能以最快的速度进步，才能建立绝对的信心，才能在最后达到成功的巅峰。

不间断训练一万个小时

非常著名的“一万小时定律”，是由美国畅销书作家格拉德威尔提出的。格拉德威尔认为，要成为某个领域的专家，需要一万个小时，按比例计算就是：如果每天工作八个小时，一周工作五天，那么成为一个领域的专家至少需要五年。

“一万小时定律”是格拉德威尔在调查研究的基础上提出的。研究显示，在任何领域取得成功的关键跟天分无关，只是练习的问题，需要练习 1 万个小时：10 年内，每周练习 20 个小时，每天大概 3 个小时。每天 3 个小时的练习只是个平均数，在实际练习过程中，花费的时间可能不同。

20 世纪 90 年代初，瑞典心理学家安德斯·埃里克森在柏林音乐学院也做过调查，学小提琴的人大约都从 5 岁开始练习，起初每个人都是每周练习两三个小时，但从 8 岁起，那些最优秀的学生练习时间最长，9 岁时每周 6 个小时，12 岁 8 个小时，14 岁时 16 个小时，直到 20 岁时每周 30 多小时，共计 1 万个小时。

“一万小时定律”在成功者身上也得到过验证。作为电脑天才，比尔·盖茨 13 岁时有机会接触到世界上最早的一批电脑终端机，开始学习计算机编程，7 年后他创建微软公司时，已经连续坚持了 7 年的程序设计，超过了 1 万个小时。欧洲最伟大的古典主义音乐家之一莫扎特，在 6 岁生日之前，作为音乐家的父亲已经指导他练习了3500个小时。到他21岁写出最脍炙人口的第九号钢琴协奏曲时，可想而知他已经练习了多少个小时。象棋神童鲍比·菲舍尔，17岁就奇迹般奠定了大师地位，但在这之前他也投入了10年时间的艰苦训练。

“一万小时定律”的关键在于，1万个小时是底限，而且没有例外之人。没有人仅用3000个小时就能达到世界级水准；7500个小时也不行。1万个小时的练习，是成功的必经之路。

写出《明朝那些事儿》的当年明月，5岁时开始看历史书，《上下五千年》11岁之前读了7遍，11岁后开始看《二十四史》、《资治通鉴》，然后是《明实录》、《清实录》、《明史纪事本末》、《明通鉴》、《明会典》和《纲目三编》。他陆陆续续看了15年，大约看了6000多万字的史料，每天都要学习两个小时。把这几个时间数字相乘，15年乘2小时再乘以365天，等于10950个小时。

美国游泳健将麦克·菲尔普斯，除了手脚特长的天赋异禀，他每天坚持练习8个小时，全年无休，这样持续五六年，方能缔造一人独得八面金牌的奥运奇迹。

世界田坛巨星，2015年退役的“飞人”刘翔，我们只看见他在赛场上的风驰电掣，一骑绝尘，可是为了在赛场上的10多秒的辉煌，他从7岁开始苦练，不知跑了几个一万小时，汗水流了几吨，经历了多少挫折和失败，才换来了“阳光总在风雨后”。

原青岛港桥吊队队长许振超，能把吊装技术练得像绣花一样精细，丝毫不差，多次在吊装技术比赛中技压群雄，还多次打破世界港口吊装纪录。为了这“一招鲜”，他至少练了30年，苦心孤诣，练习不辍，足足有好几个一万小时。

人们都羡慕那些成就非凡的弄潮儿，可是有没有想到，他们其实也和我们一样是平常人，之所以能脱颖而出，就是因为他们有超常的耐心和毅力，肯花 1 万个小时甚至更多的时间来训练和学习积累，所以才能水滴石穿，终成正果。如果我们也想像那些杰出人物一样出类拔萃，就先别埋怨自己没有机会，不逢贵人，怀才不遇，而是先问问自己功夫下得够不够，有没有付出过 1 万个小时的努力。

无数事实证明，一个人只要不是太笨，有这一万个小时的苦练打底，即使成不了大师、巨匠，至少也会成为本行业的一个具有丰富经验的专家，一个对社会有用的人。

注重细节，精益求精

“麦当劳之父”雷·克洛克说：“我强调细节的重要性。如果你想经营出色，就必须使每一项最基本的工作都尽善尽美。”细节是专业，注重细节是工作态度。细节提升品质，细节的心就是心态的脸。心态变了，细节也就溜了。不管是企业还是个人，都要注重从细节中提升品质，这在服务业中体现得更为明显。

海底捞服务的细致入微

人类已经无法阻止海底捞了！

海底捞的服务之所以让消费者印象深刻，就在于它关注到了每一个细节。海底捞设计了一套从顾客进门到就餐结束离开的完整服务体系，几乎涵盖了就餐过程中所有的用户体验环节，将其他餐馆中存在的许多问题通过服务的形式予以了很好的解决。

首先，让等待充满快乐。就餐排队是顾客最讨厌的，传统的等待只是在餐馆的椅子上坐着，而海底捞却为等待的客户提供各种服务。在海底捞等待就餐时，热心的服务人员会立即为你送上西瓜、橙子、苹果、花生、炸虾片等各式小吃，还有豆浆、柠檬水、薄荷水等饮料，甚至还提供美甲和擦皮鞋的服务。排队等位也成为海底捞的特色和招牌之一。

其次，舒服的点菜服务。如果客人点的量已经超过了可食用量，服务员会亲切地提醒："不要点多，够吃就行，不要浪费，如果不够可以再点，如果点得多吃不完，只要没有动筷子还可以退。"让顾客真正感到餐厅始终站在消费者的立场。顾客消费过程中服务员不时地添上免费的热豆浆，整个消费过程十分温馨、愉快。

最后，及时到位的席间服务。主动为客人更换热毛巾，给长头发的女士提供橡皮筋、小发夹，给带手机的朋友提供小塑料袋装手机以防进水，免费送眼镜布，给每位进餐者提供围裙……

海底捞因其细致入微的服务赢得了消费者的认可，真正践行了"顾客是上帝"的理念。

坎普·吉列与T型剃须刀

坎普·吉列16岁那年因父亲的生意破产被迫转学。吉列当上了一名推销员，这个工作一干就是24年。

在激烈的竞争环境中，吉列多次更换公司。他推销过食品、日用百货品、服饰、化妆品等各类物品。吉列每天都乘车在公司和客户之间来回奔波，整日忙忙碌碌。尽管他如此勤奋，但是事业还是没有多大建树。40岁那年，吉列仍是一家公司的推销员。

有一次，吉列为一家生产新型瓶塞的厂家推销产品。这种产品不起眼，价钱又低，但很受人们欢迎，十分畅销。吉列推销得很卖力，受到老板的赏识。当吉列问及产品畅销的原因时，老板微笑着告诉吉列，这种新型瓶塞属一次性产品，消耗的快，卖的也就快，因为价格便宜，人们重复购买也就不会有心理障碍。他还告诉吉列：发明一种“用完即扔”的产品，人们自然会多次购买消费，这样就能赚大钱。说者无心，听者有意，吉列受到强烈的震撼。是啊！自己干推销员已经二十余年了，整天忙忙碌碌，却不能拥有自己的一份事业，为什么不能发明一种“用完即扔”的产品来赚钱呢?

吉列手托下巴陷入深深地沉思之中，那刮不干净的胡须扎了一下他的双手，同时也激发了他的灵感。每个男人都需要刮胡子，而刮胡子则需要剃须刀。他联想到自己修面整容时的很多不便以后，便暗暗地下定决心，一定要开发出一种“用完即扔”的剃须刀来实现自己的梦想。

有了想法，吉列便立即从商店买来锉刀、夹钳以及制作剃须刀所需的钢片，开始在家潜心研制起刀片来。起初他的设想是把刀片制造成具有锋利和安全的双重特点，刀柄和刀片部分必须分开，这样便于产品的更新换代。所以吉列便把刀柄设计成圆形，圆形刀柄上方留有凹槽，能用螺丝钉把刀片固定；刀片用超薄型钢片制成，刀刃锋利，从安全角度考虑，刀片夹在两块薄金属片中间，刀刃露出。当使用这种剃须刀刮胡子的时候，刀刃始终与脸部形成固定的角度，这样，既能很轻易地刮掉脸部和下巴上的胡须，又不容易刮破脸。这个设计方案确定后，吉列找到了专业技术人员做成样品，并开始利用自己干推销的优势，去说服人们来投资开发这种新型剃须刀。在吉列的极力鼓动下，有几位朋友抱着试试看的心理给他投资了 5000 美元。

1901 年，吉列终于结束了他 24 年的推销员生涯，创建了吉列保险剃刀公司。拥有自己的公司以后，吉列更进一步研制制作刀片的新材料，使刀片更薄、更具柔韧性、更容易夹在金属片中间。与此同时，吉列进一步吸收资金。1902 年，吉列终于开始批量生产自己研制出来的这种新型剃须刀。然而，产品的销售并不理想，陷入了滞销局面。一年的时间，吉列才销出刀架 51 个、刀片 168 片。面对这种窘境，吉列百思不得其解。

反复思考之后，吉列明确了产品功能，改进了设计、生产思路和价格策略。在功能上：一是把新型剃须刀作为一种“用完即扔”的产品来看待；二是刀柄要坚固耐用，买一个可以用几年，刀片则为一次性产品，可以灵活更换，顾客买一个刀柄后要继续购买多个刀片。如果把刀柄大幅度削价，而从刀片上挣钱，不就解决了价格高的问题了吗？如果把刀柄赠送给人们无偿使用，人们购买刀片的积极性不就会进一步提高了吗？于是，吉列果断地做出决定，凡是购买新型剃须刀的，一律免费赠送刀柄。这一措施推出后，公司的销售额果然直线上升。长期的推销员工作使吉列清醒地认识到，新产品的功能再好，如果没有到位的宣传，产品也可能滞销，吉列还加大了新产品的宣传力度。

那时，美国正处于大众传播媒介蓬勃发展的时期，为提高媒体的经济效益，各报刊均开设了广告服务栏目，吉列抓住机会，选择传播面广、影响力大的刊物大做广告。吉列请人拟定了诱惑力很强的广告词，强调新刀片和旧刀片的不同，劝说人们放心购买。在不断的广告宣传中，吉列还强调新型刀片的质量和优点，他给顾客的承诺是：保证每片刀片至少可刮 10 到 40 次。仅这一条，就吸引了不少消费者去购买吉列的刀片。为了保证广告的效果，吉列为每副剃须刀增加了 5 美分的广告预算，他多次对部下强调，吉列公司的兴旺发达完全要靠广告推动。吉列说：“我们一定要做进攻者，我们必须通过不断地攻击，去击败竞争对手。”

通过大量有效的广告宣传，吉列一步步打开了新型剃须刀的消费市场。经过 8 年的市场推销和从未间断的广告宣传，吉列安全剃须刀终于在美国广大消费者心中占据了一席之地。

因这种剃须刀由刀柄和刀片两部分组成，人们习惯地根据它的形状构成，称其为T型剃须刀。看着可喜的成果，吉列信心倍增。正当他准备进一步扩大生产规模和拓宽销售市场的时候，第一次世界大战爆发了。

战争期间，由于生产剃须刀所使用的原材料价格有所下调，吉列剃须刀在市场上有了更大的竞争力。1917年，美国放弃“中立”并向德、奥宣战，当美国士兵源源不断向欧洲战场开拔的时候，吉列的剃须刀也随之走进了每个士兵的背包之中，被带到了欧洲，给那里的人们留下了较为深刻的印象。使用新型剃须刀的人越来越多，吉列剃须刀对人们生活产生的影响也就越来越大。战后，这种影响更深更广，加之吉列的“赠刀柄销刀片”的销售策略，吉列新型刀片的销售额大幅度上升，金钱源源不断地装进了吉列的腰包。吉列开始在世界各地建立分公司。就这样，吉列剃须刀开始从美国走向了世界。

在这个小小刀片包装上，吉列用他留满胡须的脸谱当作商标，随同他的刀柄一块卖到了世界各地。这张脸也因此被人们称为“世界上最有名气的一张脸”，吉列也因为这一小小的刀片而收获了巨额财富。

精确，精确，再精确

一个年轻人到某公司应聘职员，工作是为公司采购物品。招聘者在一番测试后，留下了这个年轻人和另外两名优胜者。随后，主考官提了几个问题，每个人的回答都各具特色，主考官很满意，面试的最后一道是笔试题。题目为：假定公司派你到某工厂采购2000支铅笔，你需要从公司带去多少钱？几分钟后，应试者都交了答卷。

第一名应聘者的答案是120美元。主考官问他是怎么计算的。他说，采购2000支铅笔可能要100美元，其他杂用就算20美元吧！主考官未置可否。

第二名应聘者的答案是110美元。对此，他解释说：2000支铅笔需要100美元左右，另外可能需用10美元左右。主考官同样没表态。

最后轮到这位年轻人。主考官拿起他的答卷，见上面写的是113.86美元，见到如此精确的数字，主考官不觉有些惊奇，立即让应试者解释一下答案。

这位年轻人说："铅笔每支5美分，2000支是100美元。从公司到这个工厂，乘汽车来回票价4.8美元；午餐费2美元；从工厂到汽车站请搬运工人需用1.5美元……因此，总费用为113.86美元。"

主考官听完，欣慰地笑了。年轻人自然被录用了，这位年轻人就是后来大名鼎鼎的卡耐基。

注重细节，精益求精，你的人生必然不会太差。

倾听客户的声音

古希腊哲学家德谟克利特曾说："只愿说而不愿听，是贪婪的一种形式。"美国广告大师李奥贝纳说："我倾听每个人讲话并一一记录，特别是对业务人员，因为，他们一直最接近人群。"足见倾听的重要性。

企业的产品和服务最终都是为人服务的，是使人过上更美好的生活，但如果不落实到每一个细节中，那么这是一句空话。海尔有这样一句话："企业如果在市场上被淘汰出局，并不是被你的竞争对手淘汰的，一定是被你的用户所抛弃。"市场没有贵贱差别，顾客也没有等级之分。有眼光的经营者总是将每一位顾客看作"重要顾客"，并提供细致周到的服务。

一位年轻人到奔驰公司要买一辆轿车，看完陈列厅里的各种车后，竟没有一辆中意的。他表示想要一辆灰底黑边的车。销售员告诉他，公司没有这种车。

公司的销售部主管得知情况后十分生气，他对销售员说："像你这样做生意只能让公司关门歇业。"销售部主管设法找到了那个年轻人，告诉他两天后来取车。

两天后，年轻人看到了他想要的灰底黑边车，但还是不满意，说这车不是他要的规格。经验丰富的销售部主管耐心地问："先生要什么规格的，我们一定满足您的要求。"

三天后，年轻人高兴地看到他想要的规格、型号、式样的车。可是他试开了一圈后，对销售部主管说："要是能给汽车安装个收音机就好了。"当时，汽车收音机刚刚问世，大多数人认为汽车安装收音机容易导致交通事故，但销售部主管犹豫了片刻仍对年轻人说："先生下午来可以吗？"

挑剔的年轻人终于从奔驰公司买走了他中意的车。他感激地对销售部主管说："感谢您的周到服务。我想，有您这种服务态度，贵公司肯定会赚大钱的。"

奔驰之所以成为奔驰，不仅在于其质量上的精益求精，也在于其以顾客需要为导向的全心全意的服务。

小马里奥特：倾听式 CEO

小马里奥特是万豪国际酒店集团的董事长和 CEO，是创始人老马里奥特的儿子。和父亲一样，小马里奥特喜欢走动式管理，以四处巡视旗下酒店为乐事。

有一次，小马里奥特巡视一家酒店，注意到顾客对餐厅女招待的服务评分不高。他问经理问题出在哪里，经理说不知道。但是，小马里奥特注意到了经理不安的身体语言，接着问女招待的待遇是多少。得到回答之后，就询问为什么待遇比市场标准低。经理说："加薪要总公司决定，而他不想提出来。"

对话不过30秒，但是小马里奥特发现了三个严重的问题：第一，总公司管得太多；第二，高层重视利润胜过顾客满意度；第三，经理不敢提加薪要求，说明他的上级是糟糕的倾听者。当然，小马里奥特解决了所有三个问题。

这是个关于怎么做决策的完美案例，但是在小马里奥特看来，这更是一个关于倾听的案例。小马里奥特说："我所做的，只是改变这位经理什么都不说的习惯，并且告诉他，有人愿意倾听他的问题，这是他的上级主管显然不愿意做的事。"

作为倾听式CEO，小马里奥特至少有十点经验值得我们学习。

一、倾听基层员工的声音。小马里奥特习惯直接联络各个部门、各个层级，直接倾听员工的声音，而不是依靠资深员工的汇报和听报告。

二、观察对方的身体语言。要从身体语言中，发现对方想要隐藏的信息。

三、善用自己的身体语言。表示自己对正在谈论的主体很有兴趣，不要目光游离，或者不耐烦地敲着笔。

四、保持适当的沉默。"事实上，自己不开口，让别人一直说，尤其别人说的总是词不达意，对倾听人来说实在是一种折磨。然而，这个技巧一定要学。"保持适当的沉默，还意味着不要太早表示自己已经作了决定，让员工可以无拘无束地讨论。

五、不要以容易迷惑人的表达方式来判断信息是否准确。小马里奥特手下有位口才极佳的主管，善于把错误的推断说得悦耳动听、合乎逻辑。小马里奥特说："一个人能言善辩、善于表达，并不表示他的想法都正确。

相反，有些人内向害羞、不善言谈，他的话可能值得一听。”

六、不要选择性倾听。想听好消息、忽略坏消息是人之常情，小马里奥特也犯过这个错误。在20世纪80年代末，酒店业的过度扩张已经很严重，但是小马里奥特盲目自信，只把注意力放在正面的消息上，对于负面消息则装聋作哑，最终付出了惨痛代价。小马里奥特总结说：“选择性倾听，几乎和完全不倾听一样糟糕。”

七、要主动倾听，即要提问。同上级有不愿意听坏消息的天性一样，下级有报喜不报忧和多一事不如少一事的天性。因此，经理人要学会提问。

八、倾听顾客的声音。“在万豪，我们依靠顾客告诉我们，哪些做对了，哪些做错了。这是确定我们是否提供他们所想要的服务的唯一方法。”比如，酒店以前为了美观都尽量把插座隐藏起来。通过调查商务旅客，万豪发现插座需要调整：随着笔记本电脑的流行，商务旅客希望房间里的插座要看得见，而且要随手够得着。

倾听顾客的声音是老马里奥特留下的优良传统。万豪最早是开餐厅的。1937年，老马里奥特在巡视机场附近的餐厅时，发现很多乘客买三明治和热咖啡带走。通过询问顾客，老马里奥特发现了关键所在：乘客喜欢在飞机上吃东西。于是，万豪和美国东方航空公司合作，开始了提供航空食品的业务。

九、化倾听为行动。听到问题之后，要解决问题，不管是顾客的问题，还是员工的问题，这才是倾听的本意。

十、要知道什么时候该停止倾听。到了某个时候，必须停止辩论和收集事实，要根据已经拥有的信息来做出决定。

小马里奥特认为：知道什么时候停止倾听，是测试公司整体倾听技巧的主要依据。显然，小马里奥特不仅自己倾听，还在打造公司整体的倾听能力。善于倾听的小马里奥特，带领善于倾听的万豪，进入了被管理大师吉姆·柯林斯在《基业长青》一书中赞誉的“高瞻远瞩的公司”的行列，跟IBM、通用电气、花旗银行、迪士尼、索尼等公司并列。

做个善于倾听的职场新人

注意倾听客户的不满，是提高产品或服务质量的一个重要方式。有这样一组数据，一个投诉不满的顾客背后有25个不满的顾客；24人不满但并不投诉；6个有严重问题但未发出抱怨声；投诉者比不投诉者更有意愿继续与公司保持关系；投诉者的问题得到解决，会有60%的投诉者愿与公司保持关系；如果迅速得到解决，90% ~ 95%的顾客会与公司继续保持联系。所以，肯来投诉的顾客是我们的财富，我们要珍惜，而倾听是缓解冲突的润滑剂。如何倾听客户的声音是需要技巧的！

倾听“三步”曲

有两类人很少去倾听，一类是很忙的人，一类是很聪明的人。很难说一线员工人人都很聪明，但他们无疑是很忙的人，因此，更应该特别注意倾听顾客的问题。我们经常被人埋怨说得太多，什么时候我们被人埋怨过“听得太多”呢？

第一步：准备

客户找你洽谈或倾诉的时候，你要做好如下准备：给自己和客户倒一杯水；尽可能找一个安静的地方；让双方坐下来，坐姿尽量保持45度；记得带笔和记事本。

第二步：记录

俗话说，好记性不如烂笔头。一线服务人员每天要面对许多客户，每个客户的要求都不尽相同，把与客户谈话的重点记录下来是防止遗忘的最有效的方法。记录客户的谈话，除了防止遗忘外，还有以下作用：

（1）具有核对功能。核对你听的与客户所要求的有无不同的地方。

（2）日后可根据记录检查是否完成了客户的需求。

（3）可避免日后如“已经交代了”、“没听到”之类的纷争。

第三步：理解

检验理解你所听到的与客户所要求的并无不同，要注意以下几点：不清楚的地方，询问清楚为止。以具体的、量化的方式，向客户确认谈话的内容。要让客户把话说完，再提意见或疑问。

倾听的三大原则

一名优秀的一线服务人员，更要善于聆听。要倾听客户的要求、需要、渴望，还要倾听客户的异议、抱怨和投诉，更要善于听出客户没有表达的意思——没说出来的需求、秘密需求。

（1）耐心

不要打断客户说话。

记住，客户说的越多，就越感到满意。人人都喜欢好听众，所以，要耐心地听。

学会克制自己，特别是当你想发表高见的时候，多让客户说话。

（2）关心

带着真正的兴趣倾听客户在说什么，客户的话是一张藏宝图，顺着它可以找到宝藏。

不要漫不经心地听（左耳进，右耳出）。要理解客户说的话，这是你能让客户满意的唯一方式。

让客户在你脑子里占据最重要的位置。

始终与客户保持目光接触，观察他的面部表情，注意他的声调变化。

如果你能用笔记本记录客户说的有关词语，它会帮助你更认真地听，并能记住对方的话。

（3）不要一开始就假设明白客户的问题

永远不要假设你知道客户要说什么，因为这样的话，你会以为你知道客户的需求，而不去认真地听。

在听完之后，问一句："您的意思是……""我没有理解错的话，您需要……"等，以印证你所听到的。

有一种方法可以让烦躁的顾客慢慢平静下来，那就是聆听。当很多服务人员在听顾客诉说的时候，是一边听，一边紧张地在想对策：我要证明他是错的、我要为我或我的公司进行辩解、我要澄清问题的症结所在，甚至不等顾客说完就急急忙忙地打断顾客的话。其实，这只能令顾客的火气越来越大。

从细节中体现优质服务

俗话说："做事不贪大，做人不计小。"许多工作并非惊天动地，而是从细微之处向顾客体现关爱，自点滴之间向顾客倾注真情。每一声问候、每一个微笑、每一次关注、每一步操作，都可以锻炼能力，提高素质，都可以影响到顾客的满意程度。

迪士尼精美的动画世界

要说迪士尼公司，先要从它的创始人沃尔特·迪士尼说起。沃尔特·迪士尼非常清楚那些看上去琐碎的细节在追求一个卓越目标的过程中具有非凡的意义。他凭借一双艺术家的眼睛，发现到对细节的注重是实现他梦想的关键。

迪士尼公司为了使受众在迪士尼体验神奇的经历，在细节方面花费了无数心血，形成了独特的风格。对细节的格外小心是迪士尼动画电影的一个特征。比如在电影《白雪公主和七个小矮人》中有一个情节，一滴水珠从肥皂上滴下来，观众可以看到闪闪发光的泡沫在烛光中闪烁，这些闪烁的泡沫是这部动画电影中的一个非同寻常的细节，给观众带来审美享受。虽然这是一个简单的细节，但要创造这样的电影只有极其熟练、才华横溢的艺术家才能做到，为了追求这个小小细节的完美，迪士尼不惜重金邀请专业人士来专门制作。

迪士尼乐园也许更能体现沃尔特对细节的关注，任何一个不完美的角落都逃不过沃尔特追求极致的眼睛。为了充分证实所有的细节都完美，让顾客能够在迪士尼乐园享受一次独特的、美好的旅程，沃尔特几乎在乐园的各个角落都留下了自己的痕迹。沃尔特甚至规定迪士尼乐园的垃圾箱要严格地按照每 25 米放置一个；他用高质量的油漆粉刷过山车，甚至有时会用真正的金粉和银粉来粉刷建筑物；雇佣专门的人在迪士尼乐园中巡逻，以确保公园中所有的颜色都是协调的。这位娱乐业的巨头直觉意识到包装、颜色、声音、味道都会对客人们观看表演产生冲击。

“我们如何能做得更好？”这是迪士尼历任领导者都要问的问题。沃尔特曾经说：“每次我逛一个景点，我都会想到，这东西出什么毛病了，并问自己怎么样能够进一步提高。”

有一天，沃尔特在迪士尼丛林游览了一个景点，过后很生气，因为这个景点的广告上说这趟旅行大约要花 7 分钟，他计算了一下时间，发现只要 4 分钟。这样很容易让细致的游客感到自己被欺骗了。这违反迪士尼的文化价值观，也没达到沃尔特的质量要求，他要求严格按照广告语来延长这个景点的旅行时间。沃尔特解释说，细节上粗心大意是不可容忍的，这样的态度会使游客怀疑迪士尼的信誉，怀疑迪士尼全心全意的服务宗旨和信条。

为了维持全公司对细节的关注，迪士尼有很多办法，比如管理层每年都要接受一周“交叉上岗”的训练。在整整一周的训练期间，迪士尼的主管们换下平时上班的装束，穿着各式各样的道具服，在几百个最基层的岗位中任意挑选，在游乐场客串清洁工、售票员、爆米花销售员或者充当导游，替游客停车收费等。在第一线体验过程中，主管们全面听取游客的意见和投诉，检讨各个角落中可能存在的问题，在全公司上下都形成重视细节的氛围，使公司所有员工都能有一种责任感。

当人们感叹迪士尼取得的成功时，千万不要忽视了它对细节的极度重视，迪士尼投入了大量的注意力在细节方面，在维持最低利润方面和追求完美之间小心地寻求平衡。公司认为投入的资金会以客户满意和员工的忠心作为回报。迪士尼是这样看待投入的：对细节的格外注意将带来工作人员引以为豪的高质量产品，工作人员对自己的产品感到骄傲，就会把这种自豪化作优质服务再传递给顾客。

在细节中体现优质服务，可能有人会将其理解为是被动的关注一些细小环节。其实并不是那样，细节是一种创造，所有行业都如此。

有一个笑话，说的是一个客人早晨到餐厅用餐，走出电梯时，迎宾小姐说了声“早上好”，客人感到很满意。用过早餐，去散步路过电梯口，迎宾小姐又是一句规规矩矩的“早上好”，客人听了之后感觉有点别扭。十点钟了，该回房间了。走到电梯口，迎宾小姐依然鞠了一躬：“先生，早上好。”客人怒不可遏。

其实严格地说，服务人员并没有错，为什么招致客人的反感呢？因为细节没做好。这位客人一大早在服务人员面前走了三遍，就不能说点别的什么吗？客人需要被尊重、被关注，受不了那种一视同仁的客套话。

细节是一种功力。只有用心去发现，巧妙地运用，才能使工作出成效。俗话说："世事洞明皆学问，人情练达即文章。"我们的服务也需要一种洞察入微的功夫，掌握客人的消费心理，记住他们的喜好和习惯，做好细节往往会起到意想不到的效果。

案例分析——张小泉剪刀：良钢精作，创艺生活

张小泉为后人立下了"良钢精作"的祖训，经过一代又一代张小泉人的恪守奉遵，业已形成了一种张小泉特有的工匠精神。

小泉溯源有春秋

"张小泉"剪刀是我国手工业的传统名牌，已有 300 多年历史。

张小泉剪刀创始人为张小泉的父亲张思家。张思家自幼在以"三刀"闻名的芜湖学艺，而张小泉在父亲的悉心指教和实践中，也练就了一手制剪的好手艺。张思家学艺有成之后，在黟县（隶属于安徽黄山市，古徽州六县之一）城边开了个张大隆剪刀铺，前店后家。张思家做事认真，他打磨的剪刀，坚韧锋利，备受人们的称赞。张思家悉心研究铸造技艺，在打制剪刀中运用了"嵌钢"（又叫铺钢）工艺，一改用生铁锻打剪刀的常规。张思家还采用镇江特产质地极细的泥精心磨制，使剪刀光亮照人。

张小泉秉承父亲创业时一丝不苟的精神，又首创镶钢锻打工艺，所制剪刀质量上乘，故"生意兴隆，利市十倍"。致同行冒牌几乎遍市，张小泉

无奈于清康熙二年（1663年）毅然将“张大隆”招牌改用自己的名字“张小泉”，立“良钢精作”家训。“张小泉”品牌成名的历史，就此开始，直至后来成为中国传统工业的一块金字招牌。

数百年来，张小泉创造了我国民族工业史上的诸多辉煌。乾隆四十六年（1781年），被乾隆帝钦定为贡品。曾于1909年南洋劝业会、1915年巴拿马博览会、1926年费城世博会、1929年首届西湖博览会相继获得大奖。1917年，“张小泉”率先将镀镍抛光技术应用于剪刀防腐，开中国传统民用剪表面防腐处理之先河；1919年获北洋政府农商部68号褒奖。同治年间，范祖述在其所著《杭俗遗风》中，将张小泉剪刀列为驰名产品，与杭扇、杭线、杭粉、杭烟一起，并称为“五杭”。

张小泉剪刀以选料讲究，镶钢均匀，磨工精细，锋利异常，式样精美，开合和顺，刻花精巧，经久耐用而著称，名扬海内外。

裁剪江山成锦绣

“快似风走润如油，钢铁分明品种稠，裁剪江山成锦绣，杭州何止如并州。”这是我国杰出的剧作家田汉1966年走访张小泉剪刀厂时写下的一首赞美诗。

在一次剪刀评比会上，人们把40层白布叠在一起，用各种剪刀试剪，唯独张小泉剪刀，张开利嘴，咔嚓一声，一次剪断，连剪数次，次次成功。检查刃口，锋利如故，其他剪刀望尘莫及。香港一家广播电视公司还摄取了用张小泉一号民用剪，一次剪断70层白布不缺口，接着又剪单层薄绸不带丝的精彩镜头，足见张小泉剪刀质量之高。

张小泉秉承父亲创业时一丝不苟的精神，大胆创新，首创镶钢锻制工艺，所谓“镶钢锻制”，即一改此前业内惯用全铁锻制剪刀的传统，在剪刀刃口处镶上一层钢，使其坚硬锋利，裁剪断物不易变钝；剪体用铁，便于弯曲造型，制作时不易断裂，且能把剪身做得柔美和合，手感舒适。这一创新，很好地解决了剪刀制作在材料应用上的重大课题。所制剪刀刃口特别锋利，且牢固耐用。

乾隆四十五年（1780年），乾隆皇帝五下江南，曾微服到铺里买剪刀，带回宫中，供妃嫔使用。因反响颇佳，便责成浙江专为朝廷采办贡品的织造衙门，进贡“张小泉近记”剪刀为宫中用剪。乾隆皇帝又御笔亲题“张小泉”三字，赐予张小泉近记剪刀铺。从此，“张小泉”剪刀又被称为“宫剪”，名扬南北，誉满华夏。

良钢精作裁剪成

虽然张家产业数易其主，但张小泉及其后代却给人们留下了精湛独特的剪刀制作工艺。张小泉剪刀总结出来的制剪72道工序，是一代又一代劳动者智慧和心血的结晶。“良钢精作”讲究的一是选料上乘，二是做工精致。“张小泉”制剪，向来采用龙泉、云和好钢。曾经更是不惜成本，选用进口优质钢。这与其他作坊为降低成本，混用杂钢的急功近利的做法截然不同。

张小泉传统制剪工序中有两项精湛独特的制作技艺历经磨炼被延续下来，一是镶钢锻打技艺。造剪一改用生铁锻打剪刀的常规，选用浙江龙泉、云和的好钢镶嵌在熟铁上，并采用镇江特产质地极细的泥精心磨制，经千锤百炼，制作成剪刀刃口，并用镇江泥砖磨削。二是剪刀表面的手工刻花技艺。造剪工匠在剪刀表面刻上西湖山水、飞禽走兽等纹样，栩栩如生、完美精巧。

用传统锻造工艺做出的张小泉剪刀都是经过手工锻打，千锤百炼，每一道工序都需要付出巨大心血，精雕细琢，来不得半点马虎。例如拔坯这道程序，就是将铁按所需剪坯的长度，放入炉灶内烧红，如一号剪12厘米，在12厘米处烧到红透，盛出来放在墩头上用凿子凿，留一丝相连，用榔头将凿断大部分的钦勾过来，两段铁并在一起。这道工序要注意坯料的长度，凭经验判断，既不能太长也不要太短，凿断所留的连接部位不能太多也不能太少。而嵌钢程序是在坯料冷却的状态下，将刃刀钢料镶嵌于剪体钢料槽中，要严格控制钢料顶端与槽口的距离，不能露出过长，也不能缩进太多，否则打剪刀时会出现纯钢头成缩钢头。所有这些程序都需要制剪人有精湛的技术！如果是做钳手，一天到晚就要一只手钳牢剪刀，另一只手握紧榔头敲个不停，尤其是敲“缝道”，更是讲究，要敲得剪刀锃亮，才不会走样。若没有专业的精神，没有对工作的满腔热情，如何能制造出质量上乘的产品呢？

张小泉剪刀创始人张小泉立下的“良钢精作”家训，340余年来由其后人身体力行，成为一种“张小泉”特有的工匠精神，成为一种传承至今的文化核心。

“质量为上，诚信为本”的经营宗旨和“用心去做每一件事”的精神引领着张小泉剪刀走向更好的未来。

历史传承有创新

张小泉剪刀在继承传统技艺基础上不断创新，它已成为我国剪刀行业中产量最大、品种最全、质量最好、销路最广的一家企业。产品形成了工农业用剪、服装剪、美容美发剪、旅游礼品、刀具系列等100个品种500多个规格。最大的剪刀1.1米长，重28.25千克；最小的旅行剪只有3厘米长，20克重，可放入火柴盒内。

时代变了，条件变了，“张小泉”的市场地位和社会地位也变了。制剪工艺从传统的72道工序演进为包括数控技术在内的现代化生产方式，制剪材料也由单一的镶钢锻制变成优碳钢、不锈钢、合金钢并用。

但是，“张小泉”人一贯奉行“良钢精作”祖训的传统没有变，他们坚持“继承传统、不断创新、追求卓越、争创一流”的理念，在企业管理的很多领域进行了大胆的创新和探索，取得了令人瞩目的成就，品牌在国内外的知名度和美誉度迅速提升，国内市场覆盖率和占有率一直居同行之首，海外市场不断扩大，份额不断增加。

五金老字号“张小泉”的成功，生动形象地说明了，任何一个企业和个人的成功都离不开传承创新的工匠精神，而只有对自己所从事的事业保持一种敬畏感，追求一种崇高感，坚守一种责任感，才会孕育出精益求精的工匠精神。

第六章

受用终身的十个细节习惯

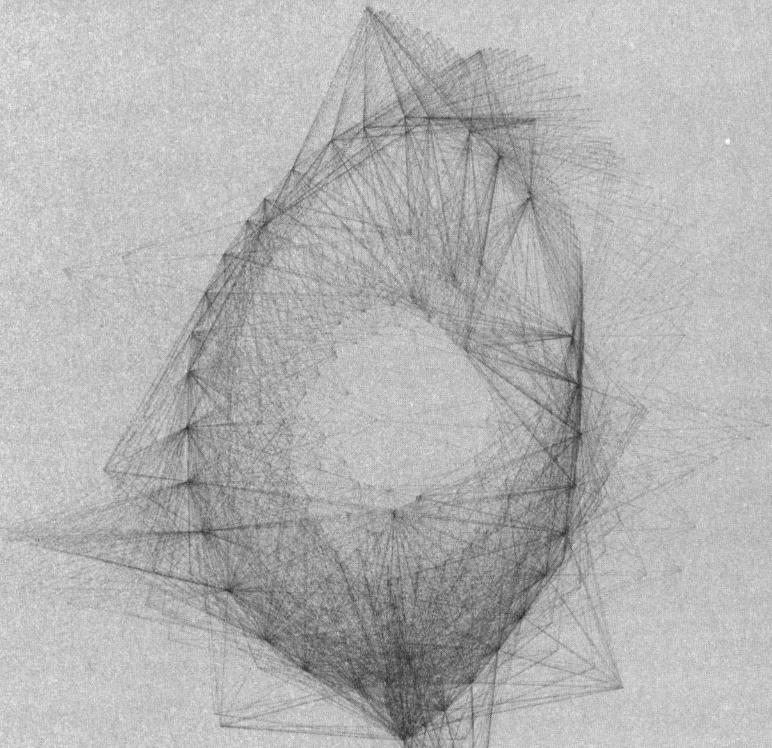

著名教育家叶圣陶曾经说过：积千累万，不如养个好习惯。习惯，是人们在长期生活工作中逐步养成的一种相对稳定的思维和行为倾向，一种稳固的思维和行为定势。习惯一旦形成，就会在人的头脑中形成一种自动化的程序，进入到人的潜意识里，使人难以察觉，却处处受其影响。当一种习惯渐渐稳固，成为个性的一部分，它就像一个隐形人一样，自动地发挥作用，在不知不觉间控制着人的思想，指挥着人的行为，影响着人在生活中的每个细节。

好的习惯，具有巨大的推动力。滴水能够穿石，积土能够成山，跬步能致千里，这都是依靠点点滴滴的积累，而积累乃是一种习惯的力量，能够推动一个人完成先前所不曾预料的事情。"只要功夫深，铁杵磨成针"，"绳锯木断，水滴石穿"，都是惯性使然。习惯具有巨大的推动力，就像钉子能够把坚硬的木料穿透。

良好的行为习惯不是一蹴而就的，也不是一朝一夕就能形成的，它要求从细节入手，具体落实到日常生活的点点滴滴。正如威廉·詹姆士说："播下一种行为，收获一种习惯；播下一种习惯，收获一种性格；播下一种性格，收获一种命运。"

主动打招呼

"你有多久没有问候身边的人了？你有多久没有收到别人的问候了？你

有多久刷着微信朋友圈与朋友线上狂聊，线下无语了？”曾经有网友在网上发了这样一个“主动问候”的帖子，立即引起强烈的反响与讨论。人们普遍认为无论是对陌生人，还是对身边的同事、朋友、同学都缺乏主动问候的习惯。

关于“主动问候”，众多的节日里，还有一个“世界问候日”。1973 年 11 月 21 日，为了促进埃及和以色列之间的和平共处，澳大利亚的姆可马克与米切尔兄弟两人，自费印刷了大量有关问候的宣传材料，寄给世界各国政府首脑及世界知名人士，向他们阐述设立世界问候日的重要意义。由此，第一个世界问候日诞生了。

主动打招呼

1. 主动打招呼说明你“目中有人”

很多人不重视打招呼，觉得天天见面的同事用不着每次看见都打招呼；而对于不太熟悉的人，又觉得打招呼怕对方认不出自己来会造成尴尬；还有些人不愿意先向别人打招呼，他们总是在心里想“我为什么要先向他打招呼”……其实，我们完全可以通过打招呼让自己更加吸引人。

打招呼是联络感情的手段、沟通心灵的方式和增进友谊的纽带，所以，绝对不能轻视和小看打招呼。而要有效地打招呼，首先应该是积极主动地跟别人打招呼。主动打招呼所传递的信息是：“我眼里有你。”谁不喜欢自己被别人尊重和注意呢？如果你主动和单位的人打招呼持续一个月，你在单位的人气可能会迅速上升。见了领导主动打招呼，说明你心中敬重领导；见了同事主动打招呼，说明你眼里有同事；见了下属主动打招呼，说明你体恤下属。记住，你眼里有别人，别人才会心中有你。

2. 主动打招呼创造美好环境

在不少国家，当别人为你提供服务和帮助时，你要给对方小费，但是在中国，小费并不普遍，因此，为了表示对为你提供服务的人的尊重，主动打招呼也算是“中国式小费”。

见到小区保安主动打招呼：“您好，今天是你值班啊，辛苦了！”这时，小区保安觉得自己受到了重视，站姿更加标准，下一次见到你时，他很可能会主动帮你提东西；见到邻居点头问候，一句简单的“您好”会在潜移默化中营造出和睦的邻里关系；见到公司的保洁阿姨，主动问候：“阿姨您好，您把地拖得真干净。”你的一句问候不仅有利于建立良好的关系，还有可能换来更加干净整洁的工作环境。

3. 主动打招呼要特别关注被冷落的人

对于那些被冷落的人，一声主动的问候对他们来说意义非凡。

主动打招呼可以提升个人魅力。另外，在社交场合，一些普通的参与者经常被冷落在一旁，而人们只关注显赫的成功人士。此时，我们应当用主动的关心和问候去关注普通参与者。

灵活选择打招呼的方式

打招呼的方式多种多样，可以是微笑、点头、握手、招手、拥抱等，根据亲疏程度和地域文化的不同，打招呼的方式也不同。

工作中，跟别人打招呼要根据具体情况来决定打招呼的方式。如果在行走过程中，跟别人打招呼时，要停下脚步或者放慢行走速度；如果坐在座位上，跟同事打招呼时，微笑着点点头或者欠欠身都可以；如果在室外相距一定距离跟同事打招呼时，要微笑着向对方招手，或者高声说一声“您好”；如果在拥挤的电梯里，没有人说话，你最好也不要开口。若遇到同事向你打招呼或是目光相遇，应适时地点头、微笑，甚至回应，视而不见是不可取的。

和别人见面打招呼时，最常用的问候语是“你好”，而对长辈要用“您好”，这也是最简洁明了的打招呼方式。在生活节奏如此快的今天，见面时一句简单的“您（你）好”就显得礼貌多了。

我们还有一些比较有中国特色的打招呼语言，例如两个人见面经常会问：“你吃了吗？”其实这个问候语的意思并不是非要问对方“吃了没有，吃的什么”，而是表示“我看见你了，跟你打招呼呢”。这时简单地回应对方即可。但是需要注意的是，在问候外国人时，不应当用这个打招呼的语言，否则对方可能会不明所以。

对于好久不见的同事或朋友，我们要是用“你好”“吃了吗”等来打招呼，可能会让对方认为你不够关心他，对方可能会想：“我们好久没见了，难道他没注意到？”这时，我们应当说：“好久不见，最近忙吗？”如果对方说：“挺忙的。”你要注意接下来的回应，如果是关系比较好的同事，你可以进一步问：“在忙什么？”如果是关系一般的同事，你不应该追问对方在忙什么，而应该说“那你要注意身体”之类关心和问候的话。

嘴角上扬 45 度

成功学大师和励志书作家拿破仑·希尔这样总结微笑的力量：“真诚的微笑，其效用如同神奇的按钮，能立即接通他人友善的感情，因为它在告诉对方：我喜欢你，我愿意做你的朋友。同时也在说：我认为你也会喜欢我的。”

微笑是制胜的法宝

当感到失落、郁闷、难过时，对着镜子，嘴角上扬 45 度，眯起眼睛，尽量做出一个微笑动作，感受笑容带给你的放松与宽心。而在人际交往中，

“微笑”也是制胜法宝。

微笑是一种令人愉快的表情，它在人际交往中有很重要的作用。微笑可以瞬间缩短人与人之间的心理距离。生活中，没有什么东西能比一个灿烂的微笑更能提升你的个人魅力，更能打动人心的了。

一个应聘者到一家刚刚成立的公司应聘，看到公司内部设施简陋，脸上便愁容满面，提不起精神。老板一看他的表情，便失去了继续交谈的兴趣。而另一位应聘者从进来到离开办公室，一直面带微笑。他对老板说：“我如果能够来到这里工作，心里非常高兴，我一定会努力工作。”老板对他产生了好感，很快面试就通过了。

即使你不善于微笑，也要强迫自己微笑。美国伟大的推销员富兰克林·贝特格就是因为善于微笑而获益良多。每次和别人见面之前，富兰克林·贝特格总会先想想必须感激这个人，然后带着微笑去和别人交谈。富兰克林·贝特格的经验告诉我们，一个面带微笑的人将永远受欢迎。微笑不仅表达了你对别人的善意和信任，它还向别人暗示你值得我对你微笑。

在与人交往时，请时刻保持微笑。微笑不仅能给对方留下美好难忘的印象，而且还能让自己在生活中处处获益，给别人一个浅浅的微笑，你的人脉就会有意想不到的收获，这实在是一桩“一本万利的好生意”。

当你去上班的时候，请对大楼里的电梯管理员微笑，请对大楼门口的警卫微笑，请对公交车的售票员微笑……请对你见到的所有人微笑，你就会发现，每一个人也对你报以微笑。

微笑是工作中的第一大礼仪

在职场人际关系与心理沟通中，有一项最简单却很有效的沟通技巧——微笑。微笑是一种极具感染力的交际语言，不但能很快缩短你和他人的距离，并且还能传情达意。当然，微笑看似简单，但也需要讲究一定的技巧。

1. 笑得自然

微笑是美好心灵的外显，微笑需要发自内心才能笑得自然，笑得亲切，笑得美好、得体。切记，不能为笑而笑，没笑装笑。

女孩在一家花店打工，老板是个坐轮椅的中年妇人，对她很好，经常告诉她对待每位顾客都必须露出最美的微笑。

有一天，花店里来了一个西装革履的男人，想买一束花。女孩为他选了几束，可男人很挑剔，一直摇头不满意，女孩有些烦躁，脸上的微笑也显得不那么自然。

许久，男人终于选定了花，可又开始不厌其烦地选择包装纸，一张一张地翻看，直到最后才决定。包好花之后女孩松了口气双手把花束递给了男人，男人接过花束，掏了半天的钱，然后尴尬地摊摊手说："很抱歉，我没带钱，能不能……"

男人的话还没说完，女孩的脸瞬间阴云密布，气愤地说："没钱你还想买花？你这不是折腾人吗？"

就在男人红着脸要放弃花束的时候，花店的老板转动着轮椅走了过来，她严厉地对女孩说："你忘了你的微笑。"说完微笑着对男人说："拿去吧，什么时候带钱了再给我送来。"

男人拿着花束走了，女孩问："阿姨，要是他不送钱回来，我们不是赔了吗？"妇人笑着说："没关系，一束花而已，我看他挑的仔细，一定是要送什么重要的人。"女孩撇撇嘴不以为然。

过了一段时间，男人又来了，不但还了钱，还定了长期送花的合同。女孩佩服地说："阿姨你真行，看你给了他一次方便，就招来了大生意。"

妇人微微一笑道："记住，不管遇见什么顾客，别让我们的微笑僵在脸上，这才是经营之道。"

2. 笑得真诚

一天，布恩去拜访一位客户，但是很可惜，他们没有达成协议。布恩很苦恼，回来后把事情的经过告诉了经理。经理耐心地听完了布恩的讲述，沉默了一会儿说："你不妨再去一次，但要调整好自己的心态，要时刻记住运用微笑，用你的微笑打动对方，这样他就能看出你的诚意。"

布恩试着去做了，表现得很快乐、很真诚，微笑一直洋溢在他的脸上。结果对方也被布恩感染了，他们愉快地签订了协议。

人们对笑容的辨别力非常强，一个笑容代表什么意思，是否真诚，人的直觉能敏锐判断出来。所以，当你微笑时，一定要真诚。真诚的微笑能让对方的内心产生温暖，引起对方的共鸣，使之陶醉在欢乐之中，加深双方的友情。

3. 微笑要有不同的含义

对不同的沟通对象，应使用不同含义的微笑，传达不同的感情。尊重、真诚的微笑应该是给长者的，关切的微笑应该是给孩子的，温暖的微笑应该是给自己心爱的人和朋友的……

4. 微笑的程度要适中

微笑是向对方表示一种礼节和尊重，我们倡导多微笑，但不建议你时刻微笑。微笑要恰到好处，比如当对方看向你的时候，你可以直视他微笑点头；对方发表意见时，一边听一边不时微笑。如果不注意微笑程度，微笑得放肆、过分、没有节制，就会有失身份，引起对方的反感。

5. 微笑要看不同的人际关系与沟通场合

对人微笑要看场合，否则就会适得其反。当你出席一个庄严的集会、参加一个追悼会，或是讨论重大的问题时，微笑是很不合时宜，甚至招人厌恶的。因此，微笑时，一定要分清场合。

希尔顿酒店的“微笑服务”理念闻名遐迩，其创始人康拉德·希尔顿一文不名的时候，他的母亲告诉他，必须寻找到一种简单容易、不花本钱而行之长久的办法去吸引顾客，方能成功。希尔顿最后找到了这样东西，那就是微笑！依靠“今天你微笑了吗”的座右铭，希尔顿成为世界上最富有的人之一。同样，嘴角上扬 45 度，你也能做到。

记住对方的姓名

安德鲁·卡耐基曾经说过：“一个人的姓名是他自己最熟悉、最甜美、最妙不可言的声音，在交际中最明显、最简单、最重要、最能得到好感的方法，就是记住人家的名字。”姓名是人的标志，人们出于自尊，总是最珍爱它，同时也希望别人能尊重它。

如果你与曾打过交道的人再次见面，能一下叫出对方的名字，对方一定会感到亲切，对你的好感也会油然而生；而如果只是觉得“眼熟”，再次向对方请教姓名，双方一定觉得非常尴尬。记住一个人的名字，是尊重一个人的开始，也是塑造个人魅力的重要一步。

小布什的成功

1965 年，当小布什在耶鲁大学开始他的新学期时，他进入了达文波特学院。小布什注意到达文波特楼的不远处便是DKE联谊会，那是一个常有大人物出现的地方，那是一个可以开展他政治理想的地方。但要想进入DKE联谊会，首先要做的就是申请加入达文波特学院的学生会，这样才可以让他有更多的机会在DKE联谊会上崭露头角。

一天晚上，达文波特学院召开一次选拔新人加入学生会的会议。早有此意的小布什当然不会错过这个绝好的机会。当小布什来到会议室时，发现已经有50多个学生在那里坐着了。

会议开始了。学生会的一名负责人在对学生会做了简单的介绍后，叫起了一位新生："约翰逊，请你看看这屋里的人，你能叫出几个人的名字来？"那位叫约翰逊的同学站起来，环视了一周，费力地说出了三四个人的名字，然后坐下了。

在问了两个同样只能叫出几个同学名字的新生后，那名负责人向小布什提出了同样的问题。小布什不慌不忙地站起来一口气叫出了教室中全部54个人的名字，这令包括几位学生会负责人在内的其他人佩服得五体投地。

小布什在最短时间内记住了同学的名字，而且他经常会在球场、走廊、教室甚至浴室等一切可能的场所与更多的人结识。他的主动和诚恳给很多人留下了深刻的印象，人们对这位成绩并不优异的学生似乎给予了更多的关注。不仅如此，小布什几乎对所有的学校组织和社会活动都有着浓厚的兴趣。他在学生会和社团组织里的锻炼，为日后的政治活动打下了良好的基础。

即使是竞选总统时，去电视台做演播的空闲时间，小布什也会到后台转转，与摄影师等工作人员说说笑笑，还经常在摄像机镜头前扮鬼脸、讲笑话。小布什用这种方式与普通人和社会精英人士建立了良好的人际关系，这为他竞选总统积累了重要的人脉资源。

据统计，在小布什竞选美国总统的选票中，就有相当大一部分是他在耶鲁和哈佛的校友通过自身和社会关系所带来的。有人曾笑称，如果你能叫得出大学校园里三分之一同学的名字，那你也可以去竞选美国总统了。

的确，对一个人来说，名字是非常重要的，记住了他的名字，就代表着你给予了他足够的重视，如此，他很难拒绝想与你交往的诱惑。也正是基于这个心理原则，在现代管理中，不少公司都要求记住每个客户的名字。事实也证明，记住每一位客户的名字，常常会起到意想不到的效果。

泰国东方饭店的经营秘诀

泰国东方饭店是一家有一百多年历史的国际性大饭店，也是世界十大饭店之一。这么多年来，这家饭店几乎天天客满，不提前一个月预订很难有入住的机会。一个饭店能经营到这种程度，自然有其特殊的经营秘诀。其秘诀就是饭店员工对每一个入住的客户都给予了最细致入微的关怀和重视。

比如一位张先生入住了这家饭店，早上起床出门，就会有服务生迎上来："早上好，张先生！"不要感到惊讶，因为饭店规定，楼层服务生在头天晚上要背熟每个房间客人的名字，因此他们知道你的名字并不稀奇。当张先生下楼时电梯门一开，等候的服务生就会问："张先生，用早餐吗？"当张先生走进餐厅，服务生就问："张先生，要上次的座位吗？"饭店的电脑里记录着上次张先生坐的座位。菜上来后，如果张先生问服务生问题，服务生都会退后一步才回答，以免口水喷到菜上。当张先生离开，甚至在若干年后，还会收到饭店寄来的贺卡："亲爱的张先生，恭喜您生日快乐！您已经3年没来光顾我们的饭店了，我们全饭店的人都非常想念您。"如果你受到这样的重视和关注，想必你也一定会想再回那家饭店住上一段时间的。

这就是泰国东方饭店成功的秘诀所在，重视客户，永远记住客户的名字，才会紧紧抓住客户的心。名字是一个人在这个世界上独一无二的标志，很多时候名字可以代表整个人，代表他的思想和情感。记住他人的名字，是对一个人重视和尊重的表现，会给人心理上带来最体贴的安慰。因此，谁都愿意与能够记住自己名字的人交往。

记住人名的 3 个方法

有时候要记住一个人的名字真是难，尤其当它不太好念时。有一位著名的推销员拜访了一位名字非常拗口的顾客，顾客的名字叫尼古得·玛斯帕·帕都拉斯。别人都只叫他“尼克”。这位推销员在拜访他之前，特别用心念了几遍客户的名字。当这位推销员用全名称呼“早安，尼古得·玛斯帕·帕都拉斯先生”时，客户呆住了。过了几分钟，客户都没有答话。最后，眼泪滚下他的双颊，客户说：“先生，我在这个国家十五年了，从没有一个人会试着用我真正的名字来称呼我。”

刻意记住别人的名字，并且多去喊他的名字，这样做可以让别人感受到你在关心他、重视他。这只是一个细节，一个生活中的细节。其实生活就是由细节堆砌起来的，认真地对待生活中的每一个细节，只有这样，我们才善待了生活。下面是记住他人名字的技巧。

（1）要用心记他人的名字

有的人博闻强记、过目不忘，见一次面就可以记住对方的名字，这自然最好。但是，大多数人没有这样的能力。所以，用心记名字就成了首要任务。一般情况下，珍视友谊的人在记名字上会表现出特别强的注意力。据考察，在一般记忆力基础上，注意力越集中，重视程度越高，就会记得越牢。甚至记忆力较差的人由于重视友谊，对于同他打过交道的人的姓名会特别用心去记，同样能记得十分清楚，多年不忘。

（2）经常翻翻他人的名片

对于记忆力不太好的人来说，不仅要用心去记而且还应动动笔。“好记性不如烂笔头”，不管老朋友还是新朋友，在打过交道之后都应把姓名记在小本上，或者保存好对方的名片。有时间就要翻一翻，借此回忆往事，加深印象。

（3）忘了名字要想办法补救

如果在路上遇到朋友，突然忘了对方的名字，那就应想办法搞清楚，记在心里。

有一次，一位退伍军人与多年不见的战友见面了，一时竟想不起他的名字。分手时，这位退伍军人主动拿出纸来把自己的名字、电话、地址写下来，然后把笔交给战友，说：“来，让我们相互留下自己的名片，今后多多联系。”对方也写下了自己的名字、住址、电话。此后，对方名字就镌刻在退伍军人的头脑中，再不曾忘记。

人对自己的姓名最感兴趣。把一个人的名字记全，很自然地叫出来，这是一种最简单、最明显、最能获得好感的方法。因为一个人从出生到去世，名字就一直和他联系在一起，这是区别于他人的重要标志。叫出一个人的名字，对于这个人来说，是所有语言中最动人的声音，而在这个人的心目中，你的形象也必将大放光彩。

把握最佳的交往距离

与人相处需把握好交往过程中彼此的空间距离、心理距离，要考虑到彼此间的关系、客观环境因素，过近不好，过远的做法同样也不可取。一般来讲，公开的、正式的场合要谨慎，要保持适中距离；一些私下或非正式的场合，不妨靠得近些。

交往的空间距离

德国哲学家叔本华曾经讲过一个“豪猪哲学”：一群豪猪在寒冷的冬天相互接近，为的是通过彼此的体温取暖以避免冻死，可是很快它们就被彼此身上的硬刺刺痛，相互分开，当天气太冷需要它们靠近时，又重复了一次痛苦，以至于它们在两种痛苦之间转来转去，直至发现一个适当的距离，使它们既能够保持互相取暖，又不至于互相刺伤。

叔本华的这一“豪猪哲学”的延伸，人与人之间也有一定的距离，“空间距离”和“心理距离”，即“身体距离”和“私人空间”。

所谓“私人空间”，是环绕在人体四周的一个抽象空间，用眼睛没有办法看清它的界限，但它确确实实存在，而且不容他人侵犯。无论在拥挤的车厢还是在电梯内，你都会在意他人与自己的空间距离。当别人过于接近你时，你可以通过调整自己的位置来逃避这种接近所产生的不适；但是当挤满人时就很难调整位置，于是就只能以对其他乘客漠不关心的态度来忍受心中的不快，所以看上去神态木然。

人们把自己关在家里，不容许别人擅自闯入，是因为只有在家里才感到安全和放松，这就是“私人空间”对心理的保护作用。在车站、公园供人休息的长凳上，通常坐两端的人多，一旦两端位置都有人占据，几乎很少有人会主动坐到中间位置。我们通常能够看到这种现象，最多能坐 4 个人的一排长凳，先来的人坐在凳子的正中，后来的人会坐在长凳的一端，而正中的人则会挪到长凳的另一端。于是，原本可以坐 4 个人的长凳，两个人就“客满”了。

交往的心理距离

大学毕业生杨明找了一份广告设计的工作，由于刚刚毕业，自知没什么经验，需要公司前辈们多多帮助，所以，杨明进入公司之后表现得格外谦虚，对公司上上下下的人都百般热心，不论谁有困难，他都全力以赴。开始时大家都喜欢他，可是，一段时间过去了，大家便开始疏远他。每次得到他的热心帮助后，被帮助者表现得很不乐意。为此，杨明很困惑。

心理学家分析了杨明的困惑：对一个头脑清醒、身体健康的人来说，得到、付出都是自身的需要。人际交往中，这两种需要应该基本保持平衡，如果严重失衡，付出的远远大于得到的，或者得到的远远大于付出的，相互之间的关系维持起来是很困难的。像杨明那样，一味地付出，而不给别人回报的机会，就会给别人心理上造成压力，这种压力使彼此的关系失去平衡，愧疚感使受惠一方只能选择逃避。人际交往要留有余地，即使是好事，也不能一次做完。

初入社交圈的人认为自己全心全意帮助别人会使关系融洽、密切，其实事实并非如此。因为如果一味地接受别人的付出而没有机会回报，就会心理失衡。中国有“滴水之恩，涌泉相报”的谚语，这其实是一种保持关系平衡的做法。彼此心灵都需要一定的空间，如果你想帮助别人，想和别人维持长久关系，那么不妨适当地给别人回报的机会，这样不至于因为内心的压力而影响了双方关系。

人与人之间的 4 种距离

一位心理学家做过一个实验：在一个刚刚开门的大阅览室里，当第一位读者坐下阅读刊物时，心理学家走进去，紧挨着这位读者坐下，然后观察他有什么反应。

试验进行了 80 次，结果证明：在空旷的阅览室里，没有一个被试者能够忍受一个陌生人紧挨自己坐下。当心理学家坐在他们身边时，绝大部分人会默默地坐到别处，有人则直接问："你想干什么？"这个实验说明每个人周围都有属于自己的心理空间、身体空间，当这个空间被别人触犯时就会感到不舒服、不安全，甚至恼怒。人与人之间的交往距离是如何界定的呢？美国人类学家爱德华·霍尔博士为其划分了 4 种距离。

（1）亲密距离

这个距离就是平时说的"亲密无间"，是人际交往中最小的间隔，其最近距离在 15 厘米范围之内，彼此间能够肌肤相处，能够感受到对方的体温、气息。稍远的范围是 15 厘米 ~ 44 厘米之间，身体上的接触可表现为挽臂执手。只有情感密切的人才能达到如此距离。两个人之间能达到这种距离的，异性是爱人、恋人，同性是最好的朋友。在人际交往中，如果距离不够接近或过于接近，都会引起对方的反感，遭到排斥。

（2）朋友距离

朋友距离的近距离范围在 46 厘米 ~ 76 厘米之间，身体上没有其他亲密接触，刚好能相互握手、友好交谈，这是与熟人交往的空间。陌生人交往时，如果进入这个距离，就会对对方构成侵犯。朋友距离的远距离范围是 76 厘米 ~ 122 厘米，任何朋友和熟人都可以自由地进入这个空间。不过，通常情况下，较为融洽的熟人之间交往时，保持距离更靠近远距离范围的近距离（76 厘米）一端，而不熟悉的人之间谈话，则更靠近远距离范围的远距离（122 厘米）一端。实际生活中，亲密距离与朋友距离通常都是在非正式社交场合中使用，在正式社交场合则使用社交距离。

（3）社交距离

这一距离体现了社交性和礼节上的较正式的关系，社交距离的近范围把握在 1.2 米 ~ 2.1 米之间，这是一般的工作环境和社交聚会的标准距离。

有这样一个例子，一次座谈会，工作人员安排座位时有个疏忽：两个并列的单人沙发间没有摆放增加距离的茶几，结果，客人不得不尽量靠到沙发外侧的扶手上，身体呈后仰的姿势。可见，不同的情境，不同的关系，要有不同的人际距离，如果距离和情境不对应，一方或双方就会心理不适。

社交距离的远距离范围在 2.1 米 ~ 3.7 米之间，表现的是更加正式的社交关系。公司经理常用一张大而宽的办公桌，并将来访者的座位放在离办公桌有一段距离的地方，这样与来访者谈话时就能保持一定的距离。企业之间的谈判、招聘时的面谈、大学生论文答辩等场合，双方之间也会隔一张桌子，保持一定距离，这样会增加庄重的气氛。

（4）公众距离

公众距离的近距离范围在 3.7 米 ~ 7.6 米之间，这种距离适合演讲者和听众之间的距离。当演讲者试图与某个特定的听众谈话时，他必须走下讲台，使两个人的距离缩短为个人距离或社交距离，才能够实现有效沟通。公众距离的远距离范围在 7.6 米之外，这是一个几乎能容纳一切人的开放空间，人们在这一空间内，完全可以对其他人“视而不见”，不予交往，因为相互之间可能没有任何联系。

尽管以上 4 种距离都有一些数字范围，但是不同国家、不同民族、不同文化背景，对交往的定义也不尽相同。这种差距是由于人们对“自我距离”理解的不同造成的。

幽默是一剂润滑剂

面对穿着油漆工服、头发上沾满涂料的面试者，面试官问：“假设有个

人不穿着正装就跑过来面试，然后我却录用了他，你会怎么评价？”这位面试者镇定而幽默地回答：“那他的裤子一定很不错。”大笑的面试官最终录用了他。这是电影《当幸福来敲门》中的经典对白，主人公克里斯历经磨难，却始终乐观面对，最终圆了自己的职业梦。

职场幽默现形记

工作中，幽默是一剂润滑剂，能让你更快地赢得人们的好感，形成融洽和谐的氛围。

某创业讲师因为吃了个桃子，引发急性肠炎，不能准时出席某互联网公司举办的创业课堂，眼看就要爽约2000多人。于是，讲师请他的一位朋友帮忙救场。朋友到场后，讲了段很“接地气”的开场白：“移动互联网改变了很多东西，但是有些东西却改变不了，比如我的好朋友突发急性肠炎在医院里打点滴，他就没办法过来。今天中午差不多12点的时候，他说你要替我去救场。我觉得创业太重要了，所以就把高大上的活动放掉，来拥抱充满生机和活力的未来……”开场白赢得一片掌声及阵阵笑声。

相对而言，我们都喜欢幽默的人，尤其是课堂（讲座）上，演讲者的即兴幽默最能引起大家的兴趣。大家都知道，幽默使人放松，但真实的情况是，很多企业，尤其是老板和管理者似乎更喜欢“不怒自威”这个词，所以，他们常常看上去是一副不苟言笑、非常严肃的样子。

斯坦福大学一位研究员在学校网站上发了一个视频，其中提到，职场人士得了“缺笑症”。婴儿平均每天笑400次，35岁以上的人则只有15次。

毫无疑问，工作场合需要笑声。根据沃顿商学院、麻省理工学院、伦敦商学院等院校的研究，在工作场合，笑声能带来诸多益处。笑声能纾解压力，赶走烦闷，提高员工参与度和幸福感，并激发创造力和合作精神，提高员工的分析准确度及工作效率。同时，笑声总是更能够与融洽的组织氛围相联系。

培养你的幽默感

侯宝林说，幽默不是要嘴皮，不是出怪相表现活宝，它是一种高尚的情趣，一种对事物矛盾性的机敏反应，一种把普通现象戏剧化的处理方式。

（1）处好关系，传递幽默

前提——良好的人际关系。

能力——提高处理事情的能力。

（2）调整心态，拥抱幽默

调整哪些心态呢？

变消极为积极，变束缚为解脱，变悲观为乐观，变冷漠为热心。

幽默的心，最根本的是快乐的心。

懂得苦中作乐。即使在工作中遇到挫折，薪水三年没有加，同事比自己早升职，自己天生的长相不如人，大家都不妨自嘲自慰以苦中作乐，调整心态以寻找心理平衡点。

学会经营快乐。快乐是生活的赐予，每一个人都想拥有，要用好的心态、幽默风趣的技巧去经营。

（3）扩大知识面

知识面广的人，会很好地理解他人的幽默，会提升幽默的档次，使幽默更有哲理性。

丈夫下班回到家里，坐在沙发上一声不吭。妻子上前问丈夫：“吃什么，我替你做去。”

丈夫没好气地说："吃什么？吃你。"显然，丈夫在工作中受了气，不顺心，对自己的妻子发脾气了。

作为妻子，如果不能控制自己的情绪，与丈夫顶撞起来，家庭的风暴就刮起来了。

妻子没有顶撞，而是在丈夫面前不停地来回小跑步，跑了一会儿，妻子满头大汗，浑身直冒热气。

"你老是在我面前跑什么跑？"丈夫没好气地对妻子说。

妻子微笑着对丈夫说："你不是要吃我吗，我在为你热菜。"

丈夫听了，"扑哧"一声，笑了出来，妻子也笑了，家庭风暴过去，晴朗的天空出现。

幽默是知识的结晶，这就要求我们多学习知识，才可能对幽默进行设计和策划，才会在没有准备的情况下妙语如珠，才会幽默如泉涌。比如，积累一些歇后语，一些俏皮话，一些谚语、俗语、成语，一些趣诗、妙联、典故，一些专用名词，都是幽默的素材。

（4）培养幽默感

不断地学习实践，不断地体验与表达，这样才能培养自己的幽默感。

幽默艺术家、幽默大师的桂冠并不是人人都可以摘取，但是，幽默感却是大多数人都可以培养的。要循序渐进地培养自己的幽默感，方法如下：

①多看和多听一些幽默的语言和段子。

②多看一些幽默剧。

不仅是形式，更重要的是从中悟出道理。工作中善于运用幽默技巧，会让你的工作更加顺利。

把自己的时间调快 5 分钟

麦金西曾经说过：时间是世界上一切成就的土壤。时间给空想者痛苦，给创造者幸福。漫漫人生，时间与空间是衡量的维度，然而时间的流逝是悄无声息的，这就需要自己树立时间意识。对于职场人来说，首先要做到守时、不迟到，但仅这一点是远远不够的，你还要把自己的时间比别人调快 5 分钟。

永不迟到：名人守时录

现代生活的快节奏，呼唤着人们的守时意识。名人因为惜时，所以守时。

康德有一次要去拜访一个朋友，约好了时间。他为了不迟到还提前很长时间出发了，但是不幸路上遇到洪水，河上的桥被冲垮了。康德乘坐的马车不能过河，于是他四处找船。但是找了很长时间都没有找到，眼看约会时间就要到了，他就给了附近一个农夫很多钱，把他的房子拆了做一条船渡河，这样约会才没有迟到。

吉米·卡特在担任州长时，有一次，他因公和一位佐治亚州的专员同机外出。早晨七点钟，卡特已在飞机上等候了，只见那位专员正匆匆忙忙地在跑道上奔跑而来。这时飞机正好滑行到跑道上，卡特虽然看到了那个人，还是命令驾驶员准时起飞。“他不能按时到达这里，这实在太遗憾了。”他厉声地说道。

时间观念反映了一个人的工作态度和生活态度。

柳传志以“自律”在业界享有盛名。他以“管理自己”的方式“感召他人”。守信首先表现在他的守时上，柳传志本人在守时方面的表现让人惊叹。在20多年无数次的大小会议中，他迟到的次数不超过五次。

有一次，柳传志受邀到中国人民大学演讲，为了不迟到，他特意早到半个小时，在会场外坐在车里等待。

2007年上半年，温州商界邀请柳传志前往交流。当时，暴雨侵袭温州，柳传志搭乘的飞机迫降在上海，工作人员建议第二天早晨再乘机飞往温州。柳传志不同意，担心第二天飞机再延误无法准时参会，叫人找来公务车连夜赶路，终于在第二天早上六点赶到了温州。

把自己的时间拨快5分钟

“凡事预则立，不预则废。”“预”的前提是给自己充足的时间去考虑、去规划。我们的方法是把自己的时间拨快5分钟，上班提前5分钟到办公室，开会提前5分钟进入会场。千万不要小看这短短的5分钟，它给你设定的可是一个提前的助跑机会，让你在别人还没启动的时候，就已经开始发力冲刺，不知不觉你就成为工作中最主动的那个人，同时拖延的毛病也在不知不觉中消失。

一年之计在于春，一日之计在于晨。上班的初始状态对人一天的工作状态有极大影响。一到公司就懒懒散散的，提不起精神，一整天都会是这样；一到公司就紧张忙碌，一整天都闲不下来；一到公司就心烦气躁，一整天都会像吃了炸药。

如何做才能让一整天游刃有余呢？提前5分钟到办公室。这样就不会发生因为堵车而迟到的尴尬，也不会因为迟到而引来上司的不满，从而用从容、愉悦的心态开始一天的工作。当然，提前5分钟到办公室的意义并不局限于此。你需要用早到的5分钟和上班的前20分钟规划好一天的工作。

（1）设置20分钟倒计时

一到公司，先设置20分钟倒计时，进入专注工作状态的时间边界，就像是赛跑时的“各就位，预备”一样，这20分钟结束后，就开始“跑”了。

如果没有这个时间边界会怎么样？

那很容易陷入“时间黑洞”，比如本来想着浏览一下邮件，结果花了40分钟处理电子邮件；本想着去倒杯水，结果和同事们在茶水间聊了好久，回来又使劲埋怨自己。

（2）在纸上列出当天的工作计划

一到公司的第一件事不是去工作，而是列计划，很简单，有三步：

第一步：花点时间把今天要做的事情写到纸上（用数码工具也可以）。

第二步：标记出最重要的一件事。

第三步：预估时间资源，调整计划。我们往往过高估计自己拥有的时间资源，列出很多当天要完成的事情，结果因为各种状况无法完成，就会产生挫败感，所以建议在列完计划之后，看一看自己的日程表，是不是有一些会议要占用时间？或者今天要沟通的事情比较多？或者今天有事要外出？如果这样的话，就尽量少安排一些待办事项，调整一下自己的计划表。

（3）对重要的事情做任务分解

标记出最重要的那件事，通常是棘手的、麻烦的、不知道该怎么做的。所以，如果你现在不把它搞清楚、弄明白，那今天更没有时间思考应该怎么解决它了！任务分解的目的不仅仅是列出步骤，而是让任务变得具体、明确、可执行。

（4）准备工作环境

高效的环境能成就高效的你。实践下面两个原则，每天早晨只需要花很少的时间来准备工作环境。

原则一：每样物品有固定的位置；

原则二：从哪里拿来就放回哪里去。

总之，把手表、手机、电脑、挂钟……你身边一切计时器的指针往前轻轻拨动五分钟。于是，你会发现，早上上班不再顶着一头乱发气急败坏地冲向打卡机，再也不会出现拉开会议室的门发现领导已经端坐在里面等你的尴尬，去拜访客户再也不用一边赶路一边整理领带或是补妆……一天依然是 24 小时，工作量依然，但你会发现因为这五分钟，自己的工作和心境却从容、自信了很多，表现也更加出色。

合理布置你的办公桌

一张办公桌如同一本书，从一个人的办公桌可以看出这个人的个性和对生活的态度来。

办公桌摆设显示你的性格

办公桌上的摆设，最能显露出一个人的个性。

A. 杂乱无章的办公桌：此类人多数思维敏锐，就是再复杂的情况，也能够很快找出头绪。

B. 摆设小盆景的办公桌：此类人冷静稳重，而且处事谨慎，肯负责任。

C. 摆满小玩具的办公桌：此类人喜欢营造一种富有感情的世界，以此对付技术进步所带来的枯燥乏味生活。

D. 没有装饰品的办公桌：此类人把私生活和工作严格分开，在工作之余不喜欢与同事一起玩乐，也不愿意多说话。

E. 放置家庭相片的办公桌：这类人很脆弱，不会与人发生争吵，且会为团体做许多事情，记住每个人的生日，视公司为家。千万别以为办公桌是你的个人“场所”，想怎么布置就怎么布置，腾出点时间，对你的办公桌稍作修整，让自己的性格很鲜明。

上班时间别让办公桌太干净

一个勤奋、有效率并且有团队精神的员工，办公桌是什么样子的？有时候，你可以让你的办公桌“乱”一点，“杂”一点。

A. 外观有点“乱”，但“乱中有序”的模式。

虽然东西很多，却不可思议地很整洁。各种文档分门别类，排列的非常合理而且具有逻辑性。这种办公桌完全是工作式的，没有任何个人痕迹，这样的办公桌让你看不出它是张三还是李四的。而且任何机器、文档，即使是一支笔，都放在它们应该放的地方。

假如你的办公桌就是这样的，说明你精力充沛、有生气，一切以工作为中心。

B. 外观给人感觉很繁忙的办公桌。

这种办公桌你肯定也不会太生疏，它总是被掩盖在各种各样的档案之下，而且这些档案还有向四周领域（如架子和地板）扩张的趋势。这样的桌子虽然也没有什么个人物品（因为根本没有放的位置），却非常有个性：因为能那样乱、那样满的桌子也不会多见。

假如你的办公桌是这样的，它就在公司里为你树立了忠诚、努力工作的形象。然而，另一方面，可能也会有人认为你效率低下，总是浪费时间，因为在那堆档案里找到想要的文件会十分困难！

C. 外观上展示成绩的桌子。

这一张桌子简直就是你的“战利品”展示桌。在这里，摆满了各种让你骄傲的凭证：公司给你的奖励、某次活动的奖励等。总之，桌子在为你展示：知道我是谁吗？一个不平凡的人。

假如你就是这张桌子的主人，那么，说明你生性活泼、精力充沛。你爱好挑战，对于任何自己想要的东西，会努力去争取，“退让”并不是你的生活哲学。不过，你总是太繁忙了，所以，你不轻易注重到细节问题，这可能是你迈向目标的阻碍之一。

别放任办公桌一团糟

A. 该丢掉的就丢掉。

堆积如山的文件资料，回不完的传真和留言条，杯子、电话、装饰品、日历……你是否终日沉没在办公桌的混乱中理不出头绪？该是清场让工作条理分明的时候了！

或许混乱的办公桌不代表混乱的工作，但杂乱无章的桌子却比较容易让人脑袋乱糟糟！但你可能会说，我也不想让自己这么乱，只是资料真的太多，工作真的太忙！试着丢掉或整理一下这些东西，你将拥有一个让你效率大增的工作空间。有哪些东西是需要扔掉的呢？

①没用的餐具

在办公室里用餐，一次性餐具最好马上扔掉，不要长时间摆在桌子或茶几上。假如突然有事情被耽搁，也要礼貌地请同事代劳。

②还没看的报刊杂志

养成随手把你想看的文章剪下来贴到剪贴簿的习惯，不然干脆将杂志丢掉，因为摆得过久你也不可能再看它了。

③过多而无用的笔

你可能在桌上、抽屉里放了一堆铅笔、圆珠笔、荧光笔……去芜存菁，留下几支你常用的，办公桌看起来会清爽一点！

④不断增加的名片

把用得到的名片资料键入电脑或电子记事本，然后扔掉这些占空间的纸质名片，以后你只要指尖轻轻一点，就可以马上找到你要联络的人，这会省下你不少宝贵时间。

⑤眼花缭乱的装饰品

满桌子的相框、玩偶、摆饰，既制造了混乱景象，又会分散你的注意力，让你无法专心工作。留下一两样具有纪念价值的东西就好，你会发现你不再总觉得眼花缭乱！

B. 做好文件分类

开会在即，老板等着看你出色的企划案，你也准备拿着熬了数个通宵的成果向同事展示。在这关键时刻，你怎么也找不到你的文件，面对桌上一片凌乱的局面，你感到焦虑万分，就连电子文档也不知存到哪里去了，最后你只能硬着头皮口头报告。原本出色的企划内容无法完整展现，你的心血与专业能力也大打折扣。

这个时候你应该觉悟了吧？好好整理办公桌，运用一些方法归纳文档，把你的创意与重要讯息，归纳到一个随时能找到的地方，让你的工作更加有效率。

总之，不要忽视工作中的这些细节习惯。一个好的工作习惯，会让你拥有快速成长的强大力量。

养成记录的习惯

俗话说，好记性不如烂笔头，仅仅依靠大脑记忆是不够的，还需养成记录的习惯，记录下身边发生的一些事情。下面我们以记录工作日志进行说明。

记录工作日志的重要性

工作日志是对每天工作情况的记录和总结，记录工作日志可以使自己清楚地知道一天的工作内容，进而可以及时发现并了解还有哪些工作做得不够，需要及时改进和提高。

比如从事销售的人员，在每天的工作当中，可以记录下来给每个客户打电话的情况。当你认真记录下当时的沟通情况，就会发现，在和客户沟通的时候，不同的客户会对你的产品或者工作提出不同的问题和疑问。当第二次再给客户打电话的时候，就可以针对之前客户提出的问题，通过系列方案打消客户的疑虑，可以为你跟客户顺利合作打下良好的基础。

工作日志对今后的工作帮助很大。

（1）培养严谨的工作作风。

严谨的工作作风是在点滴之间培养起来的。只有把工作中的点点滴滴都做到了，才能把工作做好。由点及面、由浅到深。怎样才能不遗忘或漏掉这些“点点滴滴”呢？那就要靠良好的工作习惯——工作日志来解决这个问题了。只有在工作当中多记、多想，才不会疏漏这些小点滴、小事情。因此，工作日志能培养严谨的工作作风。

（2）工作条理清晰，增强了思维的逻辑性。

在你写工作日志的时候，当你把记忆中的东西转变成书面文字时，必定要对已完成的工作在大脑中进行一番整理。这个过程保证了大脑的清晰性，使工作内容更加透明，工作条理更加清晰，增强了思维的逻辑性，使你更自信地面对每天繁重的业务和激烈的市场竞争。

工作日志的构成

A. 每天工作事项的记录

刚开始可以简单地记录下每天的工作事项，在记录的工程中你会发现，每天只记做完的工作，那么没完的工作怎么办呢？每天怎么总是完不成工作计划？明天一定要完成！从而树立起坚强的意志，激励自己不断前行。

B. 每天遇到工作问题的记录

开始写工作日志的时候，可能是简单的问题记录，俗话说，熟能生巧，只有和每天面对的问题见面的次数多了、熟了，才能找到解决的好办法。对问题处理得好，可以借鉴，以后应用到类似问题上；处理得不好可以再通过记录、分析，找出更好的解决方法。

C. 工作心得的记录

在每天写工作日志的时候，你会发现你的思维清晰了，逻辑性加强了，进而个人的工作心得和看法也增加了，自己处理问题和挫折的能力也有了。清楚地了解自己的个性定位，对今后的人生发展有百利而无一害。

D. 计划第二天的工作安排

把自己能预想到的第二天应该做的工作和该处理的问题简单列出来，使自己在第二天能第一时间处理这些事情，从而形成严谨的工作作风，培养自己有计划有目的的工作习惯。

如何培养写工作日志的习惯

A. 树立正确的写作理念

写工作日志是一个好的工作习惯，向往美好的东西和追求美好的事物是每个人的心愿，那么，一个对我们的工作如此有帮助、有意义的好习惯，大家为什么不去积极培养呢？要树立正确的写作理念，自己是在做一件有意义、有价值的事情。

B. 形成固定的工作模式

当你在办公室里结束一天繁重工作的时候，首先在大脑里反映出来的第一件事是什么呢？当你在外奔波劳顿拜访了一天的客户，晚上辞别客户，首先想做的一件事情是什么呢？

相信大家的回答都差不多：赶紧收拾东西立即回家，或者赶紧好好休息一下。为什么答案都差不多呢，因为这是自己特有的工作模式。那么这种模式来源于哪里呢？来源于习惯。因为你已经养成了下班就回家、回家就休息的习惯。

我们不妨在下班以后先回忆一下自己一天的工作，看看是否清楚自己一天的工作事项，有没有发现问题，发现问题有没有找到解决的方法，然后将它记录下来再回家。不妨在回家以后先整理一下今天拜访客户的情况，客户是否有合作意向，客户对你的工作有怎样的看法和怎样的疑虑，你是否能解决客户的这些看法和疑虑，你的心得是什么……把它们变成文字再休息。天长日久，形成特有的工作模式固定下来。

C. 预演未来，消灭惰性

人们对于不断重复一件事情都会有厌倦的时候，都会有惰性的时候。当你终于有一天坚持不下去了，怎么办呢？预演未来。假如你今天确实很累或者有各种各样的原因不愿意写工作日志，心想明天再写吧，那么你就要利用明天来做本该今天要做的事情，这样明天的事情又要被推迟到后天来做，那么后天的事情呢？以此类推，你每天比别人少做了一件事情，一周就是七件事情，一月就是三十件……数年以后，你就会发现，在同样的时间段内，你只做了别人做的事情的一部分。可想而知，你所取得的成绩也只是别人的一部分。

没有谁甘愿成为一个失败者，那么怎样才能不成为失败者呢？从养成一个良好的工作习惯开始——记工作日志。

作为一名领导，你记录下上司的教导与批评了吗？记录下下属的进步与失误了吗？记录下他人的经验与教训了吗？记录下自己生活和工作的点滴了吗？不妨现在拿起笔，将自己的工作轨迹记录下来。

主动向领导汇报工作

管理培训专家余世维将人的特质概括为五个方面，分别是：智力、监督力、自信、主动（积极）、果决。其中主动在工作中尤为重要。

多向领导汇报工作是尊重领导、主动工作的重要方式。对上司来说，判断下属是否尊重他的一个重要因素，就是下属是否经常向他请示汇报工作。心胸宽广的上司对于下属懒于或因忽视而很少向其汇报工作也许不太计较，甚至会好心地认为也许是下属工作太忙，没有时间汇报，或者是认为这本来就是他们职责内的事，没必要汇报。

而对于怀疑型的上司来说，就会做出各种猜测：下属是否在这段时间内偷懒，没有完成工作；下属是不是根本就没把领导放在眼里等。

无论如何，下属应该勤于汇报工作，哪怕你只是完成了整个工作的一小部分。经常请示汇报工作，让上司知道你干了什么，效果如何，这样还可以显示出你对他的尊重。如果遇到困难和麻烦，上司还可在人力物力上支持，比你闷着头干要强上千百倍。

看着小强迷惑的目光，王主任说："每次老板给小刚布置任务，小刚也和你一样认真，但他一完成任务就立即向老板汇报。对于重要的工作，他每完成一步，都要向老板汇报工作的进展情况，哪怕是简单的几句话，而你每次都是等着老板来追问你情况时才说。老板负责全公司工作，千头万绪，如果大家都等着老板问时才汇报，他还怎么开展工作呀？你设身处地地想一想，就不难明白老板为什么爱找小刚，而不找你的原因了吧。其实很简单，小刚是主动工作，你是被动工作。两种方式，效果可大不一样哟。"

小强这才恍然大悟。从此，他凡事主动请缨，主动汇报，渐渐重新获得了老板的器重。

或许很多时候你确实是有所成就，只是不愿意时时向老板汇报，但大部分时候如果工作遇到了障碍，没办法突破。这时候，你能向老板及时地汇报工作进展，可能老板会给你一些建议和帮助，这或许能使你打破僵局，工作得更加顺利。

而且，积极主动地向老板汇报工作，不仅能让老板及时了解你的工作进展，同样也体现了你的一种工作态度。这样做，会让老板觉得你尽职尽责，工作认真，你留在老板心中的印象自然会很大地影响你以后的前途和发展。

那么如何增强汇报工作的艺术性，既完成工作，又赢得领导对自己能力的认可呢？

（1）言简意赅概括主旨，让领导知晓"是什么"。

一是梳理汇报工作。向领导汇报工作之前，应将汇报的工作仔细梳理一下。有文件、有材料的，要吃透吃准精神，做到心中有数；没有文件材料的，需要打好腹稿，理好脉络，分清层次，充分做好汇报准备工作，确保汇报时有的放矢。

二是简要汇报主要内容。向领导汇报工作时，要用精练的语言概括来龙去脉，提纲挈领，纲举目张，让领导在最短的时间内知晓前因后果和轻重缓急，对汇报事宜有一个大致了解。

三是提醒关键环节和注意细节。简明扼要地向领导汇报完主要内容后，要向领导进一步汇报需要注意的关键环节和具体细节，如完成时限、具体标准等，让领导有进一步的认识和理解，使汇报环环相连、丝丝相扣。如向领导汇报先进基层党组织、优秀共产党员和优秀党务工作者推荐上报工作，领会上级下发文件的具体精神后，带着上级文件和上一次推荐表彰名单(以备领导询问)向领导汇报。汇报时，首先简要说明上级分配名额以及上报时限等，然后提醒领导分配名额的推荐条件(如推荐人员身份、性别要求等)、推荐程序等细节，让领导由浅入深全面掌握。

(2)结合实际拟订方案，让领导知晓“为什么”。

一是拟订科学方案。汇报之前，应根据汇报任务要求，结合工作实际，多拟订几条备选方案，供领导遴选采纳，充分发挥参谋助手作用。要力戒不明就里式汇报，完全将决策任务推给领导，领导询问却一问三不知，再研究再汇报，导致汇报效率低下。

二是仔细阐述记录。向领导汇报备选方案时，不但要汇报方案的具体内容，也要汇报拟订方案的初衷、根据等，提高汇报的科学性。同时，认真记录领导对方案的审批意见，采纳哪一条方案，做了哪些改动，抑或提出新的方案，要全面记录，不要漏掉任何一个细节。

三是修改方案再汇报。根据领导的指示精神，充实、修改具体方案，贯彻领导的意图。将修改后的方案再向领导做一次简要汇报，重点汇报修改内容，待领导认可后具体落实。如，向领导汇报巡查乡镇街道经济社会事业发展现场工作，应制定好具体巡查方案(明确巡视路线、参加人员、具体时间、评议方式等)后汇报，详细记录领导的修改意见，调整、充实完巡查方案后再向领导汇报一次，领导同意后部署实施。

(3)因事而异，灵活处理，让领导知晓“怎么样”。

一是事前提醒汇报。有的工作落实中需要领导签字同意或是亲自出席，这种情况下，应事前主动提醒领导，好让领导胸有成竹。

二是事中主动汇报。有的工作延续性很强，要持续很长一段时间，期间上级会有新的精神，工作会遇到新的情况。这时应主动向领导请示汇报，安排部署下一阶段工作。

三是事后汇报结果。有的工作只需要领导同意，不需要领导亲自出席，若不及时汇报，领导可能不清楚成效如何。这种情况，待工作结束后要及时向领导汇报工作取得的效果，让领导掌握最终结果。

勇于承认自己的错误

松下电器董事长松下幸之助说过："偶尔犯了错误无可厚非，但从处理错误的态度上，我们可以看清楚一个人。"一个人犯了错误并不可怕，可怕的是你不敢承认错误，不去弥补。

特里法则——勇于承认错误

在工作中出现错误是在所难免的。其实犯错并不可怕，关键是我们对待错误持有怎样的一种态度。

只有敢于承认自己错误的人才能被委以重任，因为承认错误意味着要比常人承担更多的责任。优秀的员工，往往都是那些勇于承认错误、敢于承担更多责任的人。

特里法则源于美国田纳西银行前总经理特里所说的一句管理名言：承认错误是一个人最大的力量源泉，因为正视错误的人将得到错误以外的东西。

人非圣贤，孰能无过？刚入职场的年轻人很可能会因害怕被惩罚和承担责任而无法正视错误，所以当工作出现失误时，大多数人都会找出一堆借口来为自己辩护，以为这样就能把自己的错误掩盖，把责任推得干干净净。实际上，不愿承认错误是人性的一种本能。这就像一颗石子飞过来，我们会很自然地去躲避它一样。在做错事后，一般人都会选择逃避，寻找各种各样的理由来解释自己的错误，而这样的结果总是费力不讨好。

不管借口多么冠冕堂皇，错误都不会因为借口而消失，它依然存在，就像一条潜伏的毒蛇，说不定哪天又突然冒出来反咬我们一口。所以，还不如痛快地承认错误，并从中吸取教训，防止错误的再次发生。承认错误并不丢人，从某种意义上来说，能够大胆承认自己的错误，本身就是一种勇气，越早暴露错误越有利于问题的解决。在职业发展的道路上，最可怕的不是犯错误，而是不愿意承认错误，不愿意负责任。

发生在卡耐基身上的一件小事

成功学大师戴尔·卡耐基小时候经常带着自己心爱的小狗到附近的森林公园散步。为了保护游客的安全，防患于未然，公园规定必须为宠物戴上口罩、拴上链条才可以进入公园。刚开始，卡耐基都是按照规定进入公园，可一看到爱犬一副可怜兮兮的模样，他就十分难过，后来每次进了公园，卡耐基就将小狗的口罩和链条取下，让它无拘无束地在公园里玩耍。

有一天，这一幕刚好被公园里的工作人员看到了，工作人员走过来对卡耐基说："你没看到公园门口贴的公告吗？你要先给这条狗戴上口罩、拴上链条才能进来。"

卡耐基辩解道："可是我的狗从不咬人。"

工作人员听后，厉声喝道："警察可不会管你的狗咬不咬人，这次我就放过你，下次如再被我看到，你就自己去对警察说。"

几天后的早晨，卡耐基又带着爱犬到公园一处空旷的地方溜达，见四下无人，他又将狗的口罩和链条取了下来。

不巧的是，上次那个工作人员“从天而降”，突然出现在卡耐基面前。卡耐基心想这下肯定难以逃脱。根据上次的经验，和他争论只会把事情弄得更糟，卡耐基想了一会儿，满脸惭愧地迎了上去。

他难为情地对工作人员说：“非常对不起，你上次警告过我，我又再次犯错，你把我送到警察局去吧！”

工作人员先是愣了一下，之后看着眼前这个孩子，温和地对他说：“我知道谁都不忍心看到自己的宠物一副可怜兮兮的样子，何况这里没人，伤害不了谁，所以你才取下了口罩。”

卡耐基轻声说道：“但是我知道，这样做是违法的。”

工作人员望着远处的小山丘说：“你带着小狗到那个小山丘的后面去玩，那边没有游客，这件事就算了。”

卡耐基赶紧谢过工作人员，带着小狗跑向那座小山丘。

正所谓：“知错能改，善莫大焉。”只有敢于承认错误，才能得到他人的谅解。人非生而知之，我们的一生都处于不断犯错而又不断改正的过程中，关键在于我们是否能够勇于承认错误，并从中吸取宝贵的经验和教训。就像泰戈尔所说：“当你把所有的错误关在门外，真理也就被拒之门外了。”

史蒂芬的事后补救

强调勇于承认错误，并不是承认完错误就没事了，而是要积极去补救，争取将因自己的错误造成的损失降到最低，“亡羊补牢，为时不晚”。

史蒂芬是一家商贸公司的市场部经理，在任职期间，他犯了一个错误。

由于没仔细调查研究他就批复了一个职员为法国某公司生产3万部高

档相机的报告。等到产品生产出来，准备报关时，公司才知道那个职员早已被“猎头”公司挖走。那批货即使到了法国境内，也不会有买主，货款自然也就无法收回了。

史蒂芬想不出补救的方法，一个人在办公室里走来走去，焦虑不安。想了很久，他终于鼓起勇气来到老板的办公室。史蒂芬坦诚地向老板讲述了这一切，并主动承担了全部责任：“这是我的失误，我一定会尽最大的努力来挽回损失。”

老板被史蒂芬勇于承担责任的精神打动了，答应了他的请求，并拨出一笔钱让他到法国去考察一番。经过一番努力，史蒂芬联系好了另一家客户。半个月后，这批高档相机卖出的价格比以前的还要高，史蒂芬最终得到了老板的嘉奖。

电视剧《士兵突击》中的普通士兵许三多，总是对袁朗说：“队长，我，我又错了。”袁朗说：“许三多，你怎么老是勇于承认错误，或者说，急于承认错误啊？”许三多笑而不答。其实，勇于承认错误正是许三多能走上步兵巅峰的一大秘诀，也是我们走向成功的指南针。

凡事都要敢作敢当，不推诿自己的过失，这样的员工才能让上级放心，让同事尊敬。

美国田纳西银行前总经理毕坎姆告诉我们，人人都会犯错，关键在于大多数人不肯认错，总喜欢推诿，唯有能面对错误的人才能成功。所以，勇敢地承认错误吧！勇于承认错误，可以及时回归到正确的道路上来；勇于承认错误，才能够朝着正确的方向不断前进；勇于承认错误，才可以摆脱错误的干扰而勇往直前。

关于细节的名言采编

天下难事，必作于易；天下大事，必作于细。

——《道德经》

致广大而尽精微。

——《中庸》

不积跬步无以至千里，不积小流无以成江海。

——《劝学》

夫祸患常积于忽微，而智勇多困于所溺。

——《伶官传序》

泰山不让土壤，故能成其大；河海不择细流，故能就其深。

——李斯

垂大名于万世者，必先行之于纤微之事。

——陆贾

少说些漂亮话，多做些日常平凡的事情。

——列宁

使人疲惫不堪的不是远方的高山，而是鞋里的一粒沙子。

——伏尔泰

决定一个人的一生，以及整个命运的，只是一瞬之间。

——歌德

一个不注意小事情的人，永远不会成功大事业。

——卡耐基

1% 的错误会带来 100% 的失败，100 减 1 不等于 99，而是等于零，细节是决定成败的关键。

——约翰·戴维森·洛克菲勒

魔鬼存在于细节之中。

——密斯·凡·德罗

小事成就大事，细节成就完美。

——戴维·帕卡德（惠普创始人）

把每一件简单的事做好就是不简单，把每一件平凡的事做好就是不平凡。

——张瑞敏

我强调细节的重要性。如果你想经营出色，就必须使每一项最基本的工作都尽善尽美。

——雷·克洛克

完美体现在各个细节之处。

——余世维

小事成就大事，细节成就完美！

——戴维·帕卡德

无视细节的企业，它的发展必定在粗糙的砾石中停滞。

——松下幸之助

我们的成功表明，我们的竞争者就是因为他们缺乏对细节的深层关注。

——弗雷德·特纳

在中国，想做大事的人很多，但愿意把小事做细的人很少；我们不缺少雄韬伟略的战略家，缺少的是精益求精的执行者；不缺少各类管理规章制度，缺少的是对规章条款不折不扣的执行。我们必须改变心浮气躁、浅尝辄止的毛病，提倡注重细节、把小事做细。

——卢瑞华

小企业有大的胸怀，大企业要讲细节的东西。

——马云

大礼不辞小让，细节决定成败。

——汪中求

奥秘全在细微处。

——格茨·维尔纳

如果全球市场中的1个消费者对某产品或服务的质量满意，会告诉另外6个人；如果不满意，则会告诉22个人。

——通用系统公司（General System Co.）

行之有效的创新，在一开始可能并不起眼。

——彼得·杜拉克

一个由数以百万计的个人行动所构成的公司经不起其中1%或2%的行动偏离正轨。

——克劳斯比

工艺上的小差异往往显示民族素质上的大差异。

——张瑞敏

成功是细节之子。

——费尔斯通公司创始人哈维·费尔斯通

在艺术的境界里，细节就是上帝。

——米开朗基罗

管理好的企业，总是单调无味，没有任何激动人心的事件。那是因为凡是可能发生的危机早已被预见，并将它们转化为例行作业了。

——德鲁克

参考书目

1.（美）彼得·德鲁克著，齐若兰译．管理的实践［M］．珍藏版．北京：机械工业出版社，2009.

2.（美）沃尔特·艾萨克森著，管延圻等译．史蒂夫·乔布斯传［M］.2014 修订版．北京：中信出版社，2011.

3.（日）新出胜利著，扈敏译．服务的细节：完全商品陈列 115 例［M］．北京：东方出版社，2011.

4.（日）铃木健一著，赵海涛译．麦当劳工作法：超越员工守则的 31 个方法［M］．北京：北京时代华文数据，2015.

5. 汪中求．细节决定成败［M］．白金版．北京：新华出版社，2009.

6. 张继辰、王伟力．华为细节管理［M］．深圳：海天出版社，2015.

7. 周桦．褚时健传［M］．北京：中信出版社，2016.

8. 马银春．注重细节，决定你的未来［M］．北京：中国言实出版社，2014.

9. 杨路．高端商务礼仪：56 个细节决定商务成败［M］．北京：北京联合出版公司，2013.

责任过硬，实干担当

叶磊　著

Excellent Responsibility Work Responsibily

出版日期：2019 年 2 月　定价：36.00 元　ISBN 978-7-5158-2084-2

责任担当使命，实干成就未来。

责任，是一名优秀员工的职业态度。

实干，是一名素质员工的最高执行力。

好员工是锻炼出来的，也是企业培养出来的。

好员工是锻炼出来的，也是企业培养出来的。人人都渴望在有限的岁月里，成为人生舞台上的领舞者。

如何把愿望变为现实？把追求变为行动？把不可能变为可能？这就需要对责任有深刻的理解；对责任感的认知有独到之处；对责任的担当有过人之举。

本书就是基于此，把责任的内涵、责任的履行，与我们的日常生活紧密相连。帮助朋友们在平凡的社会生活中去实现自己的远大抱负；在春去秋来的岁月中，积淀责任担当的快感；尽量减少在前行方向上的偏差。